Business Studies Primer

ビジネス入門

名古屋外大　国際ビジネス学科

三恵社

まえがき

　昔の日本では、世の中に出る際に必要な素養は、一口に「読み書き算盤」と言われました。書いてあるものを読めること、自分でも書けること、数を計算できること、この3つがその頃の世間ではともかく必要だったのです。今の社会は当時とは比較にならないほど複雑化し、遥かにグローバル化が進んでいます。そこで生きて行くには、もちろん「読み書き算盤」では話になりません。現代の日本では、学校から実社会に移行する際に必要な素養は、「英語・IT・ビジネス知識」と言われます。

　「国際化」から更には「グローバル化」の段階に入っている現状では、さまざまな国の人たちとコミュニケーションを図るための共通語として、一定レベルの英語運用能力が欠かせません。インターネットなどがこれだけ普及している現状では、ある程度の情報処理技術がないと、十分な活動が困難です。男性も女性もほとんどが卒業後に企業で仕事に就く現状では、ビジネス一般に関する基本的知識が、誰にも求められます。社会に出て行く学生には、大学での専攻に関わりなく、また就こうとする業種に関わりなく、前提としてこれら3つが必須となっています。

　名古屋外大の国際ビジネス学科では、実践的な英語力の育成と並行して、マネジメント・マーケティング・ファイナンス・アカウンティングの4つを柱に、ビジネス教育を実施しています。学生は3年次4年次でどの柱を中心に学修を進めるにせよ、全員共通して2年次終了までに、ビジネスの基礎になる部分を確実に身に着けておかなければなりません。しかしながら目下のところ、そのための恰好なテキストが見当たらないのが実情です。そこで学科の教員が分担して、それぞれが前にしている現実の学生たちに適したテキストを作ろうと考え、できたのがこの本です。

内容は目次を見ると明らかなように、ビジネス全般を網羅しています。その意味でこの本は、先に述べた現代日本の学生に必要な3つのうち、「ビジネス知識」の分野をひととおりカバーするものです。直接にはビジネスを主に学ぶ2年次生を対象としていますが、ビジネスを専攻としない学生にとっても、「現代の必須教養」の重要な一部を習得しておく上で、好適なテキストとして必ず役立つことでしょう。

　　2015 年春

　　　　　　　　　　　　著者を代表して、　　佐原秋生

■ビジネス入門　目次

まえがき　002

共著者紹介　008

序　章── 企業活動をどうとらえるか（Introduction）
1. 企業活動とは何か　010
2. 企業の事業リスクを分解すると…　019
3. 本書の構成　023
4. むすび　024

第1章── 経営と経済（Management and Macroeconomy）
1. 個々の企業活動と社会全体の経済活動との関係　028
2. 経済活動の水準をどのようにとらえるか　032
3. 経済活動水準（GDP）の変動をどう推定するか　040
4. むすび　「景気」：学生の視点から　045

第2章── 企業と会社（Corporation）
1. 企業と生活　050
2. 企業についての記述　051
3. 企業の誕生　052
4. 企業観の変遷　054
5. 企業とステークホルダー　056
6. 企業と会社　060
7. 市場そして交換、取引の束としての企業　063
8. まとめ　065

第3章── ビジネス法（Business Law）
1. はじめに　070
2. 法の有機的相互関係
（一つの事例が多くの法に関連している）　074
3. 会社の各部署に関連する法　076
4. 会社をとりまく利害関係者に関連する法　077

5. 会社の役員・従業員にとって重要な法　078

6. 困ったときの相談先　079

7. 紛争解決（裁判＋ADR）　080

第4章── 経営戦略 (Strategy)

1. 企業に対する2つの見方　084

2. 階層制組織の中の経営戦略の位置　088

3. プロダクト・ライフサイクルと経営戦略　089

4. 製品多様化・多角化と経営戦略
　─プロダクト・ポートフォリオ・マネジメント─　092

5. 5つの競争要因と経営戦略─ビジネスモデル─　094

6. 業界内競争と経営戦略─ポジショニング─　096

7. 経験曲線と経営戦略─ケイパビリティー─　097

8. 経営戦略と意思決定　098

第5章── 経営組織 (Organization)

1. 組織とは　102

2. 組織構造　104

3. 組織文化　107

4. 組織内行動　109

5. 組織間関係　112

第6章── マーケティング (Marketing)

1. マーケティングの理解　122

2. 企業のマーケティング活動の進め方　126

3. マーケティング・ミックスの策定　131

4. これからのマーケティング　139

第7章── 人的資源 (Human Resource)

1. 人的資源とは　146

2. 採用と解雇　149

3. 労働時間と報酬　152

4. 評価と教育　155

5. 配置と異動　158

6. 労使関係　159

7. 多様性管理と国際的管理　161

第8章── 企業財務 (Corporate Finance)

1. キャッシュフローとカネの時間価値　168

2. 資金調達方法　172

3. 資本構成　178

4. 最適資本構成　181

5. 財務投資のリスクとリターン　182

第9章── 財務会計 (Financial Accounting)

1. 財務会計　188

2. 会計公準　190

3. 企業会計制度　192

4. 財務諸表　193

5. 財務諸表分析　202

第10章── 管理会計 (Management Accounting)

1. はじめに　208

2. 原価計算　209

3. 企業予算　216

4. 意思決定　220

第11章── 情報と技術 (Information and Technology)

1. はじめに　228

2. 高度情報化社会　229

3. 情報セキュリティ　231

4. ハードウェア　234

5. ソフトウェアと情報の表し方　241

第12章── 企業の社会的責任（Corporate Social Responsibility）

1. CSRとはなんでしょうか？
   CSRは時代や国によって違うのでしょうか？　246
2. CSRに関係する概念には
   どのようなものがあるでしょうか？　251
3. CSRのイメージを
   どのように持てばよいのでしょうか？　259
4. CSRマネジメントとは何でしょうか？　260

第13章── 統計（Statistics）

1. 統計データの分類　264
2. 度数分布表とヒストグラム　266
3. 位置の代表値　269
4. ばらつきを表わす尺度　274
5. 相関　277

あとがき　281

■ 共著者紹介 （五十音順、担当章、現職、主要業績）

阿部 彰彦 （あべ　あきひこ）【序章、第1章】
名古屋外国大学現代国際学部国際ビジネス学科　教授
（財）国際通貨研究所客員研究員としてASEAN事務局委嘱調査に参加（2013）

岡本　純 （おかもと　じゅん）【第6章】
名古屋学院大学商学部　教授
『現代のマーケティング』（共著）ナカニシヤ出版、2006年
『現代の流通論』（共編著）ナカニシヤ出版、2012年
『現代日本の企業・経済・社会』（共編著）学文社、2013年ほか著書、論文多数

小林　洋哉 （こばやし　ひろや）【第3章、第12章】
名古屋外国語大学現代国際学部国際ビジネス学科　教授
『Doing Business in Japan: 日本ビジネス法体系』（共著）雄松堂書店・Matthew Bender/LexisNexis、2010年

佐原　秋生 （さわら　しゅうせい）【第5章、第7章】
名古屋外国語大学現代国際学部国際ビジネス学科　教授
『パリのビジネス住みごこち』白水社、1988年
『Parlons business…』（共著）三恵社、2011年
『学としての食、ホテル、観光』料理文化社、2013年など

塩見　治人 （しおみ　はるひと）【第4章】
名古屋外国語大学現代国際学部国際ビジネス学科　教授
『日米企業のグローバル競争戦略』（共編著）名古屋大学出版会、2008年
『トヨタショックと愛知経済』（共編著）晃洋書房、2011年
『名古屋経済圏のグローバル化対応』（共編著）晃洋書房、2013年

蕎麦谷　茂 （そばたに　しげる）【第2章】
名古屋外国語大学現代国際学部国際ビジネス学科　特任教授
「ヒューマノイド実用化への模索」『（新通史）日本の科学技術第2巻』（共著）原書房、2012年

原　慎之介 （はら　しんのすけ）【第10章、第11章】
名古屋外国語大学現代国際学部国際ビジネス学科　助教
「テキストマイニングによる管理会計研究とSCM研究の比較─組織間管理会計への貢献に向けて─」『原価計算研究』第38巻第2号、2014年

眞鍋　和弘 （まなべ　かずひろ）【第9章、第13章】
名古屋外国語大学現代国際学部国際ビジネス学科　講師
「研究開発費の会計処理とValue Relevance」『横浜国際社会科学研究』第12巻第3号、2007年9月

林　慶雲 （りん　けいうん）【第8章】
名古屋外国語大学現代国際学部国際ビジネス学科　教授
『入門商業簿記テキスト』（共著）中央経済社、2008年
『テキスト管理会計』（共著）創成社、2009年
『原価計算ガイダンス』（共著）中央経済社、2013年

序 章   Introduction

企業活動を
どうとらえるか

要 約

　税務統計によると日本には 250 万を超える法人が企業活動を行っています。

　ビジネスを学ぶとは、多様で複雑な企業活動を理解することですが、この章は現実の企業の世界をできるだけ単純化し、企業活動に共通する機能と仕組みを図式化することにより、企業活動の全体像をイメージとして提供することを目標としています。

　企業とは、財やサービスを生産し、市場で販売することにより新たな価値を獲得し、これを企業活動に参加した者に分配することを目的として法人組織された人間集団です。

　企業活動を制約する事業環境は刻々と変化します。経営陣は①製品の販売、②生産に必要な原材料・設備・労働力の調達、③毎日の資金繰りと投資に必要な資金調達、これらに関する様々なリスクのなかで事業を展開しています。企業活動を財・サービスとおカネとの関係に注目しながら全体を眺めてください。

　本書は、序章に続き、名古屋外大国際ビジネス学科の主な専門科目でもあるマネジメント・マーケティング・ファイナンス・アカウンティングを中心に本論を章建てして解説を行います。

1.
企業活動とは何か

（1）企業活動を単純化すると…

　私たちの生活は、業種も規模も異なる夥しい数の企業が供給する財やサービスにより支えられています。

　ここでいう企業とは、グローバルに活躍するよく知られた大企業から、従業員数一桁の零細企業を含む、規模や組織形態の異なる広範な業種に属する、膨大な数の民間事業法人群のことですが、その活動を一言で表すと「財・サービスを生産し、他の企業、家計、政府が買い手として参加する市場で販売すること」ということができます。企業は自社において生産した財・サービスの「売り手」です。

　一方、企業は財・サービスを生産するためには、原材料、部品、関連サービス等の他に、土地、建物、機械設備等の長期的に使用する資本財と社員やアルバイト等の労働力を調達することが必要となります。企業は自分たちが生産した財・サービスを市場で販売する「売り手」であるとともに、そのために必要な財・サービスを市場から調達する「買い手」としても経済活動を行っています。

　本書が扱う企業群は、ビジネスの世界で利益を得ることを目的に組織された営利法人です。その目的は「財・サービスの生産活動を通じて、新たな価値を生み出し、資本や労働の提供を通じて事業に参加した者の利益を最大化すること」とみることができます。

　そして、貨幣経済が発達した社会においては、財・サービスの売買は物々交換ではなく、おカネを介して行われます。企業が生みだす価値は、おカネにより評価され、実現され、企業活動に参加した者に分配されます。

　このように、企業活動の全体像は、企業のおカネのやりとりに注目し、これを単純化することによりとらえることが可能です。

（イ）生産した財・サービスの販売

　それでは、企業が生産した財・サービスを販売する「売り手」としての活動を概観してみましょう。

　企業の「販売部門」の仕事は、生産した財・サービスを、市場において他の企業や家計、政府等に販売することです。販売とは、生産した財・サービスをおカネと交換することです。

　市場において財・サービスを売買する当事者は、各々自分達の利益を最大化するために計算し、行動しますから、財・サービスの売買においては、売り手としては販売価格をできるだけ高く、一方、買い手としては調達価格をできるだけ低く抑えたい、という行動原理を共有しています。企業活動には、生産に必要な財・サービスを安く買い、製品として生産した財・サービスを高く売ることにより、利益を得ようとする共通の特徴があり、売り手と買い手の利害は価格面で対立します。

　さらに、企業は自社製品の販売にあたっては、製品の性能、品質、耐久性、供給量、納期、アフターケア等、製品価格以外の要素においても、買い手による厳しい選別とライバル企業との競争の下におかれます。企業の「販売部門」は、このように利害が対立する厳しい交渉過程を経て、市場の顧客から製品対価としてのおカネを受領しています。

　買い手から売上金として受領したおカネは、「経理・財務部門」により企業名義の銀行預金口座で管理され、会計的には損益計算書の「売上高」に計上されることにより、企業の本業から得た収入として認識されます。

（ロ）生産に必要な財・サービスの調達

　企業の調達サイド、即ち生産活動に必要となる財・サービスの「買い手」としての企業活動に目をむけましょう。

　企業は財・サービスを生産するために中間投入される原材料、部品、関連サービス等を仕入先企業等から買い付けます。さらに、社員やアルバイト等の労働力の他、生産の継続に必要な機械・設備、コンピュータシステム、さらには本社、工場、販売拠点を設営する土地・建物等を調

達します。

　製造部門や販売部門が調達した財・サービスは、経理・財務部門が取りまとめたうえで、企業名義の預金口座から仕入れ先や社員等の銀行預金口座におカネを振り込むことにより購入しています。

（ハ）資金繰りと資金調達

　このように、企業には販売代金として入金されるおカネと、調達のために支払われるおカネが日々交錯しながら企業名義の預金口座を出入りしています。

　「経理・財務部門」は、売上金として入金されるおカネと、財・サービスの購入のために支払うおカネを、企業名義の預金口座残高において過不足が生じないように管理します。

　企業の調達活動に必要なおカネは、原材料や人件費等、月々の支払いが経常的に発生する「運転資金」と機械設備や土地・建物等の調達に充当される「設備資金」とに分類することができます。（この分類は、銀行が一般に貸付金の資金使途を明確にするために実務で利用する区分であり、法令に基づく区分基準があるわけでも、入出金される預金口座が別々になっているわけでもありません。おカネに色はついていないのです。）

　「運転資金」は、生産した財・サービスの売上により回収したおカネと、生産に必要な調達費用との出入金を経て認識され、販売状況や生産状況に応じて、経常的に銀行預金口座を出入りする、業況や季節要因により短期的に変動する傾向の強い資金ニーズです。

　「設備資金」は、日々発生する支払い項目ではないものの、長期間使用する一般に高額な資本財の購入に充当される、まとまった金額の資金ニーズとなる傾向があります。

　企業は財・サービスの生産を開始し、それを継続してゆくためには、「運転資金」と「設備資金」の流れを確保し、不足する時には必要な資金を調達できるように備えることが重要です。この「資金繰り」と呼ばれる日々の仕事と資金調達は、社内の経理・財務部門が担当する最も重要な業務となります。

序章
企業活動を
どうとらえるか

　次に、経理・財務部門が担当する運転資金や設備資金の調達は、資金を調達する企業と資金の出し手との契約のタイプにより、「負債調達」と「資本調達」に分類することが出来ます。

　「負債」とは、企業が貸し手（債権者）との間で返済期限を定め、利息の支払いを約して借り入れる借金のことです。企業に対する負債性資金の貸し手の代表格が銀行です。

　信用力に優れた上場大企業等は、借り入れ条件を明記した社債等の有価証券を発行し、公社債市場において投資家に購入してもらうことにより投資家から直接資金を借り入れる方法もあります。

　これに対し「資本」とは、企業が経営に間接的に関与する権利や利益の分配を受ける権利等と引き換えに、出資者から事業の元手として受け入れた出資金のことで、一旦払い込まれた出資金については、企業は出資者に対し返済義務を負いません。その代わり、企業は、事業が順調に推移し、利益を得た場合には、出資者に対しその利益の一部を分配し、また、経営陣を指名する権利や重要な決定事項に対する賛否を決する権利を出資比率に応じて与えます。

　企業による資本調達の代表例が、株式会社の新株発行です。企業は株主に対し新株を発行し、購入対価として株主が会社に払い込んだ株式払込金は、会計的には「資本金」に計上されます。また、株式会社が株主に対し行う利益の分配金のことを「配当金」、利益を将来のために社内留保した資金を「剰余金」といいます。

（2）企業活動は「おカネ→財・サービス→おカネ」の循環系

　このように見てゆくと、企業が財・サービスの生産を開始するためには、原材料、労働力、設備を購入するために必要な「運転資金」と「設備資金」の調達が前提条件であることが分かります。企業活動に先立つものは、おカネです。

　「製造部門」はおカネを支払うことにより調達した原材料、労働力、設備を社内で稼働させ、財・サービスを生産し、「販売部門」は出来上

がった生産物を市場において売却します。こうして得た売上金は、「経理・財務部門」が管理する銀行預金口座に回収されます。回収されたおカネは、最初に、資金の貸し手との約定にしたがって、貸し手に対し元利金の支払いが行われた後、次のサイクルの生産活動に必要な運転資金と設備資金に繰り入れられます。企業の経営陣は、今後の生産活動に必要な資金を社内に留保した後、企業の財政状況は今後の生産活動を安定的に継続することが可能であると認識した場合には、資本を提供した出資者に対し利益を配当します。

　こうしてみると、企業活動は単純化すると「おカネ→財・サービス→おカネ」の大きな循環系として認識することができます。そして、企業活動の目的である利益の追求とは、回収した金額が投入した金額を上回ること、即ち、「おカネを儲けること」を目指していることが分かります。そして、この目的が計画通りに達成されているかどうかは、経理・財務部門が管理する企業名義の預金口座の出入金の動き、すなわちキャッシュ・フローの最終収支尻により概況を把握することができます。

　「おカネ→財・サービス→おカネ」の循環が無理なく維持されている限り、企業は生産する財・サービスの中身が変わることはあっても、何年でも生き延びることが出来ます。そして、この循環がうまく機能しなくなった時、言い換えると必要な額のおカネを再調達できなくなり、そこへ既存の借金の返済期日が到来し、返済できなくなった時、その企業は資金繰りに行き詰まり、その経営は残念ながら破綻へとむかいます。

（3）単純化された企業活動の姿

　これまで説明した企業活動の姿をおカネの流れに着目して図に示したものが図表－1です。この図は製造業に限らず、一般的な財・サービスを生産するほとんど全ての企業に共通する基本的な概念図です。

　中央のハイライトで示した領域は、企業組織の境界を示しています。企業の組織は、おカネの流れに注目して、①製造部門、②販売部門、③経理・財務部門に単純化されています。製造から販売にいたる工程は、自動車の組み立て工場のように、巨大なベルトコンベアのような1本の

ライン上に展開していると想定してください。あるいは、店内奥にパン焼き窯、店頭に焼き上がったパンを並べる販売用の棚、そのすぐ横にレジを備えた家族経営のベーカリーを思い浮かべていただいても構いません。

図表－1 製造業のモノと資金の流れ

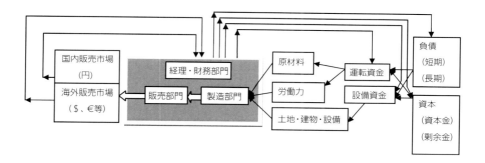

（イ）生産に必要な財‐サービスの調達

図表－1の右側、財・サービスの調達サイドから説明を始めましょう。

生産ラインの先頭で**製造部門**に投入されるのが、原材料、部品、関連サービス等中間投入される**原材料**、次に社員やアルバイトが提供する**労働力**、さらに**土地・建物・設備**（以下"設備"）です。

企業に投入される原材料、労働力、設備の調達には、おカネが必要です。企業の製造部門は、原材料、労働力、設備の買い手として、市場で調達活動を行います。企業活動に投入されるおカネは、その資金使途に応じて**運転資金**と**設備資金**とに分類されます。

運転資金は、企業の販売活動や経費等の受け払いに連動して企業の預金口座を経常的に出入りしている資金のことで、期間1年以内の短期的なサイクルのなかで金額は変動します。銀行は運転資金を貸し出す場合、通常は返済期限を1年以内に設定する短期貸付金とします。

設備資金は、企業が製造部門や販売部門において長期的に利用される、土地、建物、機械設備等の資本財や技術開発等に充当される資金です。調達目的となる資本財等は高額なものが中心で、耐用年限も長期に及ぶ

ことから、銀行は設備資金を貸し出す場合、通常は返済期限を設備の耐用年限に応じて5年、10年・・と長期に設定し、返済条件を分割返済とする長期貸付金とします。設備資金の貸付は、借り手企業の長期間の信用リスクにさらされる取引であるとともに、設備資金で購入する資本財は、一般に換金性に乏しい高額な固定資産ですので、貸し手の銀行にとっては運転資金貸付との比較ではリスクの高い貸付金となり、一般に担保付きの貸付が多くなります。

運転資金と設備資金の調達方法は、資金の出し手との契約の類型により、借金である**負債**と企業所有者が出資した**資本**とに分かれます。

負債は、運転資金調達を中心とする期限一年以内のものを**短期負債**、設備資金調達を中心とする返済期限一年超の**長期負債**に区分されます。負債は、主に取引銀行からの借入れにより調達されますが、信用力に優れた大企業の資金調達においては、企業が公社債市場において「社債」を発行することにより投資家から直接資金調達することもあります。

資本は、企業のオーナーとなる出資者（株主）が返済期限を設定することなく出資した**資本金**とこれまでの企業活動で社内留保した利益の累積である**剰余金**により構成されます。この合計を「自己資本」、会計的には「純資産」と認識します。企業にとり返済義務のない自己資金として、事業活動の元手となります。

（ロ）財・サービスの製造・販売から売上金の回収まで

次に図表－1の左側に視点を移してください。

製造部門の仕事は、原材料、労働力、設備を調達し、企業内で生産技術を駆使して稼働させ、財・サービスを生産することです。

製造部門が調達した原材料、労働力、設備は、生産ラインに投入されると、その後はラインの工程に沿って順次製品に姿を変え、生産ラインの最終段階では、製品は販売部門に引き渡されます。

販売部門の仕事は、製品の価格、販売量、販売チャンネル等の販売政策上の重要事項を決定し、製品を他の企業、家計、政府等が買い手とし

て参加する販売市場で売ることにより、企業に投下された運転資金と設備資金を回収することです。そこで必要とされる経験則、手法、戦略に関する知識の体系は、経営学では「マーケティング」として整理されており、本書でも詳細に解説されます。

　図表－1においては、**販売市場は国内販売市場**と**海外販売市場**とに区分されています。グローバルに展開する企業の販売活動は、国内のみならず海外の買い手に対しても積極的に行われます。したがって、販売部門が回収する売上代金は、国内市場では**円貨建て（円）**、海外市場取引においては**外貨建て（＄,Euro等）**に区分されます。

　こうして、企業が生産した財・サービスの流れ（⇒）は販売活動によりおカネの流れ（→）に変換され、売上代金は企業概念図の上方中央に位置する**経理・財務部門**の管理下におかれます。

（ハ）経理・財務部門による採算及び資金管理

　企業には、普段は部外者を立ち入らせることのない本社管理部門に属する組織群があります。これまでの説明に登場した、製造部門や販売部門以外の組織群です。例を挙げると、企画部、広報部、人事部、経理部、財務部、総務部、管財部、法務部・・等です。大企業のホームページに掲載される企業組織図を比較すると、その管理部門は、会社により組織名称や職務分担に多少の違いはあるものの、企業活動を支える本質的な機能においては大きな差はありません。

　さて、管理部門において、企業活動に伴うおカネの流れを管理しているのが**経理・財務部門**です。

　経理部は、事業計画に基づく社内予算を策定し、日々の企業内の資金の流れと採算を調べ、分析し、記録し、社内の資金の流れを管理会計情報として整理し、管理します。また、企業の業績を財務会計の準則にしたがって決算し、資金の出し手である債権者や株主に対し、業績を報告する財務諸表等を作成します。

　財務部は、経理部と連携しながら、銀行や証券会社等の取引先金融機関の窓口として、日常的な資金繰り業務と資金調達/運用に関わる業務

を担当します。企業における資金管理業務の実働部隊です。

　図表－1における企業内の資金の流れを見てください。画面中央上部に位置する**経理・財務部門**は、**販売部門**からの売上金の受領と**製造部門**の生産活動に必要な運転資金や設備資金の支払の要となっていることが分かります。企業活動におけるおカネの流れは、しばしば人体における血流にたとえられますが、**経理・財務部門**は、まさに企業金融の心臓部です。

　さて、図表－1における経理・財務部門の右側、一連の資金の支払いを示す矢印（→）に注目してください。経理・財務部門からは、①**負債**に向う元利金等約定弁済の資金の流れ、②**運転資金、設備資金**に繰り入れられる資金の流れ、③**資本**に向う利益配当の資金の流れが示されています。

　重要なことは、これらの経理・財務部門が支払う資金の流れには、優先順位があることです。

　まず、最優先となる支払いは、**負債**に向う矢印（→）として示されるもので、銀行からの借入金の元利払い、取引先からの仕入れに伴う期日到来の買掛金等、既存の負債の約定弁済に充てられるものです。この支払を滞らせると、企業は最悪の場合、債務不履行を理由とする倒産に追い込まれます。

　次の資金の流れ(→)が**運転資金**および**設備資金**に繰り入れられるもので、財・サービスの次の生産サイクルに再投入される資金です。

　最後になるのが、**資本**に向う資金の流れ(→)として示されるもので、出資者に対する利益の分配を示しています。株式会社の配当金がこれに相当する資金の流れです。この配当へ向かうおカネの流れが実現する時は、企業の財政状況や業績の先行きについて経営陣が自信を持っている時に限られます。

　企業の金融取引においては、借りたおカネは何があっても最優先で約束通り返済しなければならず（上記①）、次に財・サービスを永続的に生産し続けるためには運転資金と設備資金を確保しなければなりません。

序章
企業活動を
どうとらえるか

（上記②）そして、企業に資本を提供した出資者（株主）に対する利益
配当は優先順位でいえば最後となるのです。（上記③）

2.
企業の事業リスクを分解すると…

　以上のように企業活動をとらえたところで、現実の経済活動において
経営陣が対応しなければならない事業リスクについて考えてみましょう。
図表－１を思い浮かべながら考えてみてください。

　企業は、財・サービスの生産サイドでは、何を、いくらで（コスト）、
どのくらい（数量）、どのように（人材と技術の投入）、いつまでに（期
間）生産するかを計画し、そこで必要となる財・サービスを、何を、誰
から、いくらで、どのくらい、いつまでに、調達するか、すなわち「買
い手」としての計画を立てなければなりません。

　一方、財・サービスの販売サイドでは、何を、いくらで（販売価格）、
誰に対し（販売先）、どのくらい、どの販売ルートを通じて販売するか
を計画しなければなりません。これは企業の「売り手」としての計画で
あり、その前提には製品に対する需要予測があり、目標は利益の最大化
です。

　製造部門の調達計画と販売部門の販売計画は、いずれもおカネを対価
に行う財・サービスの「買い」と「売り」の計画です。そこで経理・財
務部門は、この２つの計画に伴うおカネの出入金の予想とこれに伴う資
金過不足を前提に、資金余剰については運用または負債の削減（返済）、
資金不足については資金調達を盛り込んだ資金計画を策定します。また、
調達、販売、資金に関わる３つの柱の計画を前提に、計画終了時点で達
成されることが期待される利益水準を示した利益計画を経営陣に提出し
ます。

019

以上のように企業活動は、調達、販売、資金の3本柱で事業管理され
ますが、良く見ると調達、販売、資金のいずれにおいても、企業が社内
の資源を総動員したところで、社内で完璧に予測し、対応し、解決する
ことが不可能な、言い換えると企業にとって、受け入れる以外に選択の
余地のない外生的なリスクが含まれていることが分かります。

　　企業は事業環境を完璧に予測し、管理し、事前に対応することはで
きないのです。企業経営における事業リスクの管理とは、事業環境に影
響を及ぼす製品市場、調達市場、金融資本市場の動向を予測し、変化に
対して事業計画を更新し、実際の業務の過程を変更してゆく作業に他な
りません。経営陣はそれを実現するために、「ヒト」、「モノ」、「カネ」
を采配しているのです。この3つのリスクについてもう少し詳しくみて
ゆきましょう。

（1）製品市場がもたらすリスク

　このリスクは生産した財・サービスを計画通りに販売し、おカネと交
換出来るかに関わるものであり、図表－1では画面左側の製品市場へ向
かう財・サービス（⇒）がおカネ（→）に転換して売上金として還流す
るところです。

　販売部門の成果である売上高は、販売量と販売価格の掛け算により算
出されます。言い換えると、このリスクは製品の販売量と販売価格の双
方から生じます。

　このリスクの例としては、大衆向けの製品の販売市場において、顧客
嗜好の変化や競合するライバル企業との競争などが挙げられます。大ヒ
ットした新製品が、その性能や価格に何の変化がないにもかかわらず、
いつの間にか顧客の関心を失い、販売量は落ち込み、セールの対象とな
ってしまうことは良くあることです。

　また、ライバル企業が提供した製品の競争力が、価格、性能、品質等
において自社製品を上回る場合には、買い手の関心は容赦なくライバル
の提供する競合品に向います。自社の製品は売れ残り、在庫となって、
販売価格の引き下げや生産量の削減等を余儀なくされます。製品が売れ

るかどうかは、企業にとっては第三者である買い手の意向次第です。

　海外市場に輸出している商品では、外国為替相場の影響も強く受けます。図表－1の海外販売市場は、販売価格が外貨建てとなっています。海外の顧客が同じ販売価格（外貨建て）を受け入れ、同じ数量を購入していたとしても、為替相場が円高に推移すれば、輸出している企業の売上高は減少してしまいます。（注）

(注) 海外で販売した外貨建て商品の売上高＝販売数量 x 外貨建ての販売価格 x 為替相場（円/U$、円/€）

（2）原材料、労働力、設備の調達に関連するリスク

　一方、生産に必要な財やサービスの調達サイドにおいては、企業は自分達が調達する財・サービスを選択する側の「買い手」だからといって、自分達の調達計画を常に達成できる保証はありません。調達する財やサービスが売買される調達市場においても、製品市場同様に需給環境は常に変化しており、例えば他社が何らかの事情で競合する財の引き合いを強めれば、その財の需給は逼迫し、自社の調達数量や価格は調達計画比で不利になることがあります。また、調達先企業の市場占有率、技術開発力、生産能力は、調達市場における売り手と買い手との間の企業間の力関係を変化させ、その結果として売り手が強くなれば、調達側の買い手としての交渉力は制約されます。

　企業の調達を制約するのは人的な要因ばかりではありません。代替困難な部品を独占的に供給する仕入先企業の生産施設が、自然災害による深刻な損害により機能を停止すると、買い手となる企業の生産活動も、その仕入先からの供給が再開されるまでの間は停止せざるを得ない状況に追い込まれます。

　また、電力をはじめとするエネルギー関連の公共料金や輸送関連コストは、原油やLNG（液化天然ガス）等の国際商品市況の影響を直接的に受けます。エネルギー以外にも、企業の調達は、直接、間接に関わらず国際商品市場における価格変動や販売数量の影響下に置かれています。

　最後に、人材は全ての企業が共通に必要とする生産のための要素です。

労働力の調達は、社会全体の景気動向の影響を強く受けます。例えば、景気が好況に転じると人手は不足し、人件費は上昇する傾向があります。

（3）資金調達に関連する事業リスク

　企業活動には、財・サービスの「売り」と「買い」の他にも、おカネの調達に関するリスクがあります。

　図表－1に戻ってこれをみると、販売部門が売上金として回収したおカネは、企業名義の預金口座で受領され、そこから生産に必要な原材料、労働力、設備の支払いに充当されています。製品市場における予想外の販売不振は、売上高が生産のために投入された資金額に対し計画比で不足する事態を招きます。一方、販売が好調で増産体制に移行するためには、運転資金や設備資金を増額する必要が生じます。いずれの場合にせよ、企業は不足する資金を新たに外部調達する必要が生じます。

　それでは、企業が必要な資金を取引銀行からの借り入れにより負債調達することを決定したと想定して、その実務を少し詳しくみながら、資金調達に関わるリスクを考えてみましょう。

　企業の財務部門の担当者は、取引銀行に対し借り入れ計画に添えて、当社の直近の業績推移、資金繰り状況、他行からの借り入れ状況、今後の資金需要の見通し、他行分を含む全体の借入と返済計画等の説明資料を提出し、取引行に対する借入額と借入期間を申し込みます。

　取引銀行の貸付担当者は、財務担当者との面談を経て、その計画を分析し、借り手の財政状況や業況に基づく借金の返済能力に関わる信用力を総合的に判断したうえで、貸付に応じるか否か、応じる場合の金額、担保条件、金利条件等についての取引方針を行内における与信審査と営業判断を通じて決定します。取引銀行からの返答は、この企業が要請した借り入れ条件を満たす保証はありません。貸付額を削られることもあれば、適用される金利を予定よりも高く設定されることもあります。借入期間の短縮や担保条件を強化されることもあり得ます。

　このように、企業の資金調達が予定通りに実現するかどうかは、日常的なコンタクトを絶やさない取引銀行からの借り入れといえども、時々

序章
企業活動を
どうとらえるか

の貸し手の意向に依存します。因みに銀行の事情についていえば、銀行は現金の引き出しや他行向けの送金にいつでも応じることを前提に預金を預かる以上、貸し出しに回すおカネは絶対に予定通り回収する必要があり、取引先の借り入れ要請をいい加減に応諾するわけにはゆかないのです。企業にとり銀行からの借り入れが予定通りに実現するか否かは、取引銀行の審査結果次第です。

　企業の資金調達に関わるリスクは、本業の業績が安定推移し、運転資金の大層が経常的な事業資金により賄われている限り、新たな設備投資を制約する要因とはなり得ても、通常は経営を揺るがすほどの深刻な事業リスクにはつながりません。ところが、何らかの事業環境の変化により、本業の業績が構造的に悪化し、資金不足が恒常化すると、取引銀行の貸出方針は保守的に転じ、貸増要請は拒絶され、既存債務の約定弁済にも懸念が生じる事態に陥ります。企業の法人としての生命は、債務不履行により法的に断たれてしまいますので、このような資金繰り状況のもとでは、資金調達源の確保は経営陣にとって、まさに「生き残りを賭けた」最優先の経営課題となります。

3.
本書の構成

　本章では、企業活動を図表－1にしたがって、企業活動における財・サービスの「売り」と「買い」、これに伴うおカネの流れに着目して説明してきました。これは、人体の仕組みに置き換えれば、あたかも特殊な造影剤により浮かび上がった血管系の一部を眺めながら人体の仕組みを説明しようとするようなもので、企業活動全体を理解するためには不十分です。

　たとえば、良く知られた大企業の多くは、企業活動の利害関係者の範囲を拡大し、地域社会との共生を目指すための環境保全や芸術・芸能・

スポーツ振興等を目的とする活動に資金や人材を振り向けていますが、これらの活動は「おカネ→財・サービス→おカネ」の循環に着目する図表－1から読み取ることはできません。

　そこで本書では、学生が企業経営に関わる数々のテーマを理解するために必要となる知識の体系を、名古屋外大国際ビジネス学科の専門科目でもあるマネジメント・マーケティング・ファイナンス・アカウンティングを柱に章建てを組みました。

　企業にとり最も重要な部門は広義の「経営」部門です。株式会社の取締役会や社内部門の代表からなる経営会議は、企業が直面する事業リスクを情報処理したうえで分析・評価し、戦略にしたがって施策の優先順位を設定し、重要な投資、人事、組織改編等の経営資源の配分を決定します。企業の広義の「経営」に関する議論は、本書では複数章（「経営と経済」（第1章）、「企業と会社」（第2章）、「ビジネス法」（第3章）、「経営戦略」（第4章）、「経営組織」（第5章）、「人的資源」（第7章）、「情報と技術」（第11章）、「企業の社会的責任」（第12章）、「統計」（第13章））において展開され、さらに「マーケティング」（第6章）、「企業財務」（第8章）、「財務会計」（第9章）、「管理会計」（第10章）と続きます。

4.
むすび

　企業とは企業活動に参加する人々が経済的により豊かに生活してゆくために組織された人間集団です。どんなに優れた能力をもち、優れた教育を受けた人といえども、独力で「売り物」となる財・サービスの商品化に成功する例は滅多にありません。多くの人々にとり、単独で社会において経済活動を展開することは容易ではない、ということです。

　働く場を組織し、労働力の「買い手」として雇用機会を提供する企業の機能は、人々の経済的な幸福追求に必要不可欠な社会インフラなので

す。

　企業は、本書を手にする学生諸君にとり、近い将来、ご自身の労働力を提供し、家計を支える収入を獲得し、自分の能力を発揮することによる自己実現を図る場となってゆきます。

　本書が扱うテーマは決して巨大なグローバル企業だけを対象とするものではなく、零細な中小企業や家族経営の飲食店にも共通するものであることを忘れることなく読み進んでください。

第1章

Management and Macroeconomy

経営と経済

要 約

　企業は財・サービスを販売する「売り」サイドでは、製品を購入する顧客の経済活動に依存し、生産のための「買い」サイドでは、財・サービスを供給する仕入先や労働力を提供する家計の経済活動に依存しています。各企業の経営判断は独立しているものの、社会全体でみると極めて複雑な「売り」と「買い」の売買連鎖のなかで、相互に依存し、かつ影響を及ぼしあいながら経済活動を行っています。

　企業の経営陣は、自社の販売、調達、資金計画を遂行するにあたり、社会全体の経済活動の水準の変動から目を離すことができません。その理由は、業界や取り扱う製品により影響の受け方に違いはあるものの、社会全体の経済活動の水準の変動は個々の企業の活動に「売り」・「買い」両サイドから影響を与えるからです。

　この章では、個々の企業の経済活動と社会全体の経済活動との関連、経済活動の水準とその変動をどう推計するのか等、マクロ経済学の基礎知識を整理しながら解説を進めます。

1.
個々の企業活動と
社会全体の経済活動との関係

　前章では企業活動を個々の企業活動に視点を絞って概観しました。この章では個々の企業活動から社会全体の経済活動へと視野を拡大してみましょう。

　社会全体の経済の視野から企業活動を眺めると、企業は次から次へと新しい財や工夫されたサービスを供給し、製品市場では参入や退出を繰り返し、競争により業界地位を変動させながら活動しています。

　また、企業が産出する財・サービスの総額は、業態により異なる事業環境や季節性の要因を複雑に反映するため、直近の数値を正確に計測することも、近い将来の数値を予測することも容易ではありません。

　「経済は生き物である」とは、よく聞くたとえですが、確かに経済には環境の変化に応じて最適な場を求めて自在に動き回り、容易に将来を予測させない「生き物」としての性質があるようです。

　社会全体の企業活動は、大企業から零細企業にいたる財・サービスを生産する全ての企業により構成され、また企業と企業、企業と家計、企業と政府との売買取引により成立しています。自動車や電機などの巨大な企業集団も街の商店街の家族経営のベーカリーも社会全体の企業活動の担い手です。この章では個々の企業活動と社会全体の経済活動との関係を概観してゆきます。

（1）ある日の社長Aの執務室

　社長Aは中堅の上場企業の社長です。この社長は毎月、第一金曜日の午後は出張や外出を避け、来客も午後2時までには終えて執務室に籠ることを習慣としてきました。習慣化された彼の一連の執務手順を整理すると以下のようになります。

①翌週の月例経営会議の準備

　　前月と直近の生産・販売関連の業況計表、業務報告、各部門から経営会議に上がる予定の審議・報告事項を最終的に検討し、必要に応じて経営幹部や現場の責任者との打ち合わせを行います。経営責任者として最も重要な経営会議議長としての準備作業です。

②当社の製品市場と業界動向に関する情報収集

　　社内調査部門が定期的に作成する市場調査報告、業界紙、業界調査専門会社のリポート、証券会社の業界アナリストリポート等に目を通します。

　　当社の業界はどう動いているのか、今後どのように変わるのか、その見通しのもとにおいて当社の生産部門や販売部門は何をすれば良いのか、社長に求められる経営判断を裏付ける、長年の業務経験により培われた「業界のプロ」としての勘を磨く作業です。

③景気動向、経済政策、為替相場・金利情勢、国際政治経済情勢に関する情報収集

　　お気に入りのエコノミストが執筆する経済調査リポート、一般ビジネス誌（「エコノミスト」「ダイヤモンド」「東洋経済」「日経ビジネス」等）にざっと目を通します。

　　時間に余裕があれば執務室を出て調査部のあるフロアへ足をのばし、現場の専門家達と直接話すことを楽しみにしています。当社の製品や業界動向からさらに視野を拡大し、景気動向をはじめとする日本経済の動向、金融経済政策、海外の政治経済情勢等、マクロ経済の動向についての自分なりの見解をまとめる作業です。

（2）経済の動向を予測することの重要性

　当社製品の販売市場や生産に必要な財・サービスの調達市場における環境変化は、逆風もあれば順風もありで、必ずしも自社の不利益を招くものばかりとは限らないのですが、現実の市場動向が計画に対しどのよ

うにぶれるにせよ、経営陣に課せられた課題は、外部環境の変化に対し、販売市場、調達市場、金融資本市場の情勢を判断し、業務遂行上の最適を達成するべく社内の業務を不断に見直すことにより、利益の最大化、あるいは損失の回避を達成することです。

　前章においても触れた通り、企業にとって当社製品の販売市場の動向は、買い手となる企業、家計、政府等の経済活動を反映します。一方、企業が生産に必要な財・サービスや労働力を買い集める調達市場もまた、財・サービスを供給する企業、労働力を提供する家計、調達市場において競合する他の企業や政府の経済活動の影響下にあります。したがって、企業経営者は、事業環境を形成する社会全体の経済の動向から目を離すことは出来ません。

　社長Ａは多忙な日常のなかで、毎月第一金曜日の午後の時間をこのテーマを集中的に考えることに充てているのです。

（3）個々の企業活動と社会全体の経済活動への波及

　企業は、個々の企業のレベルにおいては、自分達が生産した財・サービスを販売し、自分達の利益を最大化することだけを考えながら、自己責任と裁量のもとに自由に活動しています。ところが、個々の企業の生産活動を支える仕入れ先企業との取引関係に視野を拡大すると、個々の企業活動は仕入先からの調達に伴うサプライチェーンとよばれる膨大かつ複雑な部材や素材、関連サービスの一連の売買連鎖のなかで行われていることが分かります。

　社会全体でみた企業の製品に対する需給環境は、この連鎖を通じて関連する企業群の生産水準や価格を変動させます。また、ある企業の生産水準の変動は、直接連鎖を形成する企業群において経常的に売買される原材料や部品、関連サービスに留まらず、長期的に使用される機械設備や工場施設等の資本財に対する需給や、そこで働く人々の家計の所得を変動させることにより、個人向けの一般消費財に対する需給にも影響を与えます。

　たとえば、製品市場における当社製品に対する追加的な需要を予測し

たA社は、増産を計画すると中間投入される財の仕入先であるB社からの調達額を増やし、当社の従業員の数や作業時間を延長することにより生産水準を引き上げます。この時、仕入先B社には、B社の製品に対する追加需要が生じ、B社においてもA社からの発注増に応じるための増産体制が取られます。B社の仕入先であるC社にも追加的な発注が行われ…という具合に増産の波は波及します。

　また、A社,B社,C社のいずれかにおいて、中長期的な増産に対応するための機械や運搬設備、コンピュータシステム等の設備投資が実施されたとすると、工作機械を生産するX社、運搬設備を生産するY社、コンピュータシステムを生産するZ社にも新たな発注が発生します。

　さらに、各企業において増産に伴い増加した賃金や残業代は、これを受領した従業員達の家計所得増となって、A社、B社、C社が供給するA社製品に関連する財やX社、Y社、Z社の製品群である資本財とは無縁の、家計が日常的に消費する食料や衣類などの消費財や外食・観光等のサービス等に対する需要を押し上げることにもつながります。

　このように製品に対する需要増を予測した企業が増産を開始すると、その過程で投入される財・サービス、労働力の調達額は増加するので、この企業から仕入先企業や雇用された家計に対する支払いも増加します。前章の図表－1を思い起こしてください。増産体制に入った企業群の預金口座は、拍動を上昇させた心臓のように、取引の連鎖を通じて、おカネという血流を経済全体に力強く循環させ始めるのです。

　一方、増産過程が一段落してA社が近い将来の自社製品に対する需要の減少を予測し、減産体制に入ると、同じ波及経路を経て、仕入先のB社、C社の減産体制を招くとともに、設備投資関連のX社、Y社、Z社が生産する資本財に対する新たな設備投資計画は見送られ、従業員の家計所得は減少し、その分個人消費は落ち込むことにつながります。

　企業が自社の製品を計画通りに販売できるか否か、生産に必要な財・サービス（含労働力）を計画通りに調達できるかは、社会全体の経済活動水準と関係があります。

　社長Aが経済の動向から目を離せないのはこのためなのです。

2.
経済活動の水準をどのようにとらえるか

　企業が生産する財やサービスの製品市場やそのための調達市場の動向について情報を集めるにあたり、最も基本となるのが国全体の経済活動の水準についての統計である国民所得です。その国の経済活動はどのように推移してきたのか、どの業界が経済活動を活発化させていたのか、都道府県ベースではどの地域経済が活況だったのか等々を知ることができます。

　ここでは、国民所得を示す統計について、企業経営との関連において一般的な常識として知っておくべき要点を整理してゆきます。

（1）国内総生産（GDP：Gross　Domestic　Product）

　「国民所得」とは、その国の一年間の経済活動の水準を表す用語として広く一般に使用される用語ですが、正式には「国民経済計算」と呼ばれるこの統計を作成する内閣府のホームページをみると、目的に応じて集計方法が異なる一連の統計群として公表されています。そのなかで、一般に一国の経済活動の水準を表す代表的な統計として最も広く利用されるのが**国内総生産（GDP）**です。

　国内総生産（GDP）の定義は、「一年間に国内で新たに生産された全ての財・サービスの合計額」です。この定義に関する要点を以下に示します。

・「国内」（domestic）の意味は、財・サービスを生産した企業の本社所在地や個人の国籍とは関係なく、国境内で生産された財・サービスを集計の対象とすることを意味します。

　したがって、北米や中国に進出した日本企業が、進出先の工場で生産した自動車や家電機器は、進出先の国のGDPに計上されます。一

第1章
経営と経済

方、日本国内に工場や販売拠点を設立して生産・販売活動を行う外国企業や、大相撲で大活躍するモンゴル出身の力士達は、日本のGDPを増やすことに貢献しています。

・「合計額」とは、「付加価値」の合計を意味します。

　　生産された財・サービスは、おカネの価値として計測・集計されます。その際、前節で触れた通り、企業間の生産活動には、最終生産物として計上される金額の中には、中間投入された部品や素材が含まれるため、社会全体で財・サービスの生産活動に参加した企業群の売上高を単純合計すると、価値の重複計算が発生し、新たに産出した価値の合計額を過大評価してしまいます。そこで、財・サービスの売買に関わった企業群が「各生産段階で新たに付加した価値」を合計する、という考え方により統計が集計されています。

　　この考え方は、経済学の一般的な教科書では、農家が収穫した小麦、製粉業者により価値を付加された小麦粉、ベーカリーにより価値が付加されて最終生産物となったパン、という例を引いて説明されています。農家、製粉業者、ベーカリーはそれぞれの売上高からそれぞれの段階における原材料等に相当する仕入れ額を控除することにより、各生産段階において付加した価値を生み出しているのです。したがって、社会全体で付加価値を算出するためには、最終生産物の価値を集計する方法をとります。

　　生産に関わった各企業は、それぞれが生みだした付加価値のなかから、人件費、設備の維持や更新に備える費用、資本を提供した株主や

図表－1　最終生産物の価値と付加価値

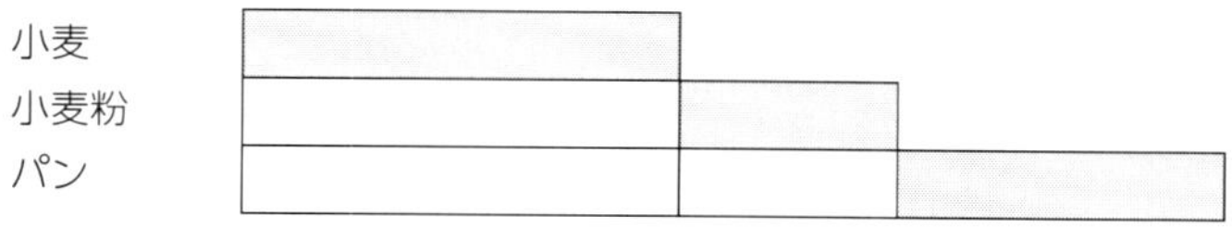

（出所：「ゼミナール　経済学入門」（4版）福岡正夫著　第5章国民経済計算　図5－1）

出資者に対する利益配当等を分配することになります。

・ 国内総生産の「総」(gross)は、各生産段階で使用される機械設備の
減価償却費を含むことを意味します。

　　減価償却費は、機械設備や建物等の長期間使用する資本財について、
耐久期間に応じて生じる価値の減耗分を経費として認識し、将来必要
となる更新費用を予め稼働中に積み立てるための費用項目です。
GDPは各企業が生産した付加価値をそのまま合計しているので、こ
の機械設備の価値の減耗分も含まれていることになります。因みに、
機械設備等の価値の目減り分をGDPから控除した統計が国内純生産
(NDP：Net Domestic Product)です。

・「全ての財・サービス」には、民間の第一次産業から第三次産業に分
類される企業群の他、政府等が供給する公共的な財・サービスも含み
ます。

　　具体的には警察、消防、道路、公立学校等の政府が生産するサービ
スは、市場で売買されるものではありませんが、その費用により価値
を計測して総生産に加えます。

　　また、民間の学校、医療機関、社会福祉施設等が生産する公益性の
高いサービスは、一般的な営利企業が提供するサービスとは別に、対
家計民間非営利サービスとして総生産に加えます。

（2）国民所得の三面等価

　GDPの定義は「一年間に国内で新たに生産された全ての財・サービ
スの合計額」です。この価値は、どのように生産され、誰のもとに分配
され、どう使われたのでしょう。元来ひとつの価値を統計上の調整によ
り３つの異なる側面から眺めるものなので、これを「**国民所得の三面等
価の原則**」といいます。

　最初に、国内総生産（GDP）は一年間に新たに生産された財・サー
ビスの合計額ですから、経済活動別に区分することができます。

第1章
経営と経済

　具体的な分類は、①民間の産業（内訳は、農林水産業、鉱業、製造業、建設業、電気・ガス・水道業、卸売・小売業、金融・保険業、不動産業、運輸業、情報通信業、サービス業）、②政府サービス生産者（内訳は電気・ガス・水道業、サービス業、公務）および③対家計民間非営利サービス生産者です。これにより、GDPは誰により生産されたのか（GDPの産業構造）を知ることができます。（図表－2）

図表－2　名目GDP経済活動別（産業別）生産構成（2012年度）

(%)

第1次産業（農林水産業）	1.2
第2次産業（鉱業、製造業、建設業）	23.9
第3次産業（サービス、その他）	74.9
合計	100.0

出所：内閣府平成24年度国民経済計算確報（フロー編）ポイント
平成25年12月25日「生産」(p9) より筆者作成

　次にGDPは付加価値の合計なので、その付加価値は生産活動に労働や資本等の生産要素を提供した主体に分配されることになります。分配面からみたGDPは、減価償却費相当部分（固定資本減耗）と課税相当部分（間接税マイナス補助金）を控除した後、要素費用表示の国民所得と定義される統計となります。（図表－3）

　この要素費用表示の国民所得は、①雇用者報酬（生産活動に供された労働力の対価となる賃金、俸給等）、②財産所得（政府、家計、対家計民間非営利団体が生産活動に供した金融資産、土地、無形資産等の対価）、③企業所得（企業に帰する営業余剰と財産所得の純受取）の合計として算出されます。これにより**GDPの分配構造**を知ることができます。

図表－3	国民所得（要素費用表示）分配構造（2012年度）

国民所得(要素費用表示)	構成比(%)
雇用者報酬（労働分配率）	70.1
財産所得	6.1
企業所得	23.8
合計	100.0

出所：内閣府平成24年度国民経済計算確報（フロー編）ポイント
平成25年12月25日「国民所得」(p5) より筆者作成

　最後に、GDPは企業、家計、政府、海外部門等により需要され、支出された付加価値合計ですから、それぞれについて**消費または投資の支出用途別に区分**することができます。（図表－4）

　GDPの支出構造は、①民間最終消費支出（企業と家計の消費支出）、②民間総資本形成（民間企業設備投資、民間住宅投資等）、③政府最終消費支出、④政府固定資本形成（政府の公共投資等）、⑤財・サービスの純輸出（輸出－輸入）と示すことができます。このうち、①民間最終消費支出＋②民間総資本形成のことを民間需要、③政府最終消費支出＋④政府固定資本形成のことを公的需要といいます。①と③は消費、②と④は投資です。⑤は海外です。①から⑤の統計により、**GDPの需要構造**を知ることができます。

　以上のとおりGDPは統計上の調整作業を経るものの、基本的に同じものを3つの異なる側面（誰が生産した価値なのか、誰に分配された価値なのか、どのように買われた価値なのか）により統計として認識することが出来るのです。

第1章
経営と経済

図表－4 GDP（支出側）構成比　2012年度

(%)

消費	81.6
民間最終消費支出	61
（内家計最終消費支出）	(59.5)
政府最終消費支出	20.6
投資	20.7
民間投資	16.3
（内 民間住宅）	(3.0)
（内 民間企業設備）	(13.7)
（内民間在庫品増加）	(－0.4)
政府投資	4.4
財貨・サービスの純輸出	－2.2
輸出	14.9
輸入	17.1
合計	100.0

出所：内閣府平成24年度国民経済計算確報（フロー編）ポイント
平成25年12月25日「支出」(p1) より筆者作成

（3）名目(nominal)GDPと実質(real)GDP

　GDPとして認識される付加価値は、おカネの価値として集計されます。

　具体的な集計は、産出された財・サービスの数量に市場価格を掛け合わせることにより計測されます。こうして時価にもとづいて集計されたGDPのことを名目GDPといいます。したがって、名目GDPは、一年間に産出された財・サービスの量的変化とその間の物価水準の変動の双方を反映しますので、財・サービスの生産量からみた実質的な経済活動の水準を測定する、という目的からは問題が生じます。例えば最終生産された財・サービスの産出量には変化が無い場合でも、物価水準が2%上昇すれば名目GDPは2%増加する計算になるからです。

　そこで、物価水準の変動を除外した実質的な経済活動の水準を求めるために利用されるのが実質GDPです。一般にその年の経済成長率とは、

037

GDPの対前年度変化率のことを指しますが、この時に使われるGDPは物価水準の変動を除外した実質GDPです。

　そして物価水準の変動を補正するために利用されるのが、直近の物価水準と過去の基準年次の物価水準を比較する**GDPデフレーター**という指数です。

　GDP統計のうち、最も広く参照される支出側統計では、実質GDPの対前年変動率（実質GDP成長率）は、名目GDPの対前年成長率（名目GDP成長率）から、GDPデフレーターにより算出される物価変動率を控除した水準となっていることが分かります。（図表－5）

図表－5　名目GDP、名目GDP成長率、デフレーター、実質GDP成長率

年度	2006	2007	2008	2009	2010	2011	2012
名目GDP（兆円）	509.1	513	489.5	473.9	480.2	473.7	472.6
名目GDP 成長率（前年度比、％）	0.7	0.8	−4.6	−3.2	1.3	−1.4	−0.2
GDPデフレーター（前年度比、％）	−1	−1	−0.9	−1.2	−2	−1.7	−0.9
実質GDP成長率（前年度比、％）	1.8	1.8	−3.7	−2	3.4	0.3	0.7

出所：内閣府平成24年度国民経済計算確報（フロー編）ポイント　平成25年12月25日「支出」(p1)より筆者作成

　経済の動向についての議論は、通常、物価変動を控除した実質GDP成長率で議論されます。また経済活動水準の今後の変動を予想する景気観測は、通常、GDPの支出側（消費、投資、海外）について推定数値を積み上げることにより議論されます。

（4）県民所得

　国民所得は、一年間に国内全域で新たに生産された全ての財・サービスの合計額ですから、都道府県毎に分割することが出来ます。都道府県毎の経済活動の水準変化を知るための統計が「県民所得」統計です。県民所得統計は内閣府の国民経済計算統計の一部として公表され、また各都道府県のホームページにも紹介されます。

　この統計からは、都道府県別の経済規模は全国比ではどの水準にあるのか、その地域別の経済成長率、さらに人口動態を加味した一人当たり

第1章
経営と経済

県民所得等、日本経済の地域別の経済活動の姿を知ることができます。

　企業経営との関係においては、県民所得の推移や一人当たり県民所得の水準は、当社製品の販売市場としての地域戦略上重要な参考資料となります。また、企業の生産活動に必要な社会インフラは、主にその地域の地方自治体の公共投資により供給されますが、県民所得の水準や動向は、その地域の地方自治体の財政力の裏付けとなる資料です。このように、県民所得統計も企業経営における生産や販売上の地域戦略に重要な意味を持っています。

（5）GDPの国別比較

　企業の経済活動は、国内のみならず、世界を舞台にグローバルに繰り広げられています。既に多くの日本企業は製品の販売、生産、原材料や部品等の調達を目的として、海外市場を企業活動の場として選択しています。企業経営の海外戦略は、その国の経済情勢だけでなく、政情、社会インフラ、地政学上のリスク、日本との外交関係等、複雑かつ多岐にわたる検討を経て策定されますが、基本となる経済資料にはその国のGDP統計が挙げられます。（図表－6）

　GDP統計は、国ごとに自国通貨建てで計測され、それぞれの政府により公表されます。したがって、GDPの国際的な比較は、通常は比較対象年次の年末時点の外国為替相場を利用して米ドル換算したGDPの数値が利用されます。

　現在、世界を見渡すと、国と国に準じた独立した経済活動を行う地域の数は190余に達しますが、それぞれの国や地域で計測されたGDPの統計はIMF（国際通貨基金）等の国際機関により集計され、ホームページで公表されています。

　企業の海外戦略との関連については、例をあげると、所得水準に応じて2輪から4輪へと需要が変化する輸送用機器の市場規模は、その国の一人当たりGDPの水準と関係があることが知られています。

039

図表-6	2012年　主要10カ国の名目GDP比較		
	名目GDP	世界シェア	一人当たりGDP
(単位)	(10億U$ドル)		(U$ドル)
アメリカ	16,244.6	22.4%	51,689
中国	8,224.1	11.4%	6,089
日本	5,935.9	8.2%	46,537
ドイツ	3,426.0	4.7%	41,822
フランス	2,611.2	3.6%	39,907
イギリス	2,471.6	3.4%	39,080
ブラジル	2,252.7	3.1%	11,340
ロシア	2,014.8	2.8%	14,037
イタリア	2,013.4	2.8%	33,058
インド	1,841.7	2.5%	1,489
カナダ	1,779.7	2.5%	51,024
全世界	72,440.4	100.0%	―

出所：内閣府平成24年度国民経済計算確報（フロー編）ポイント
平成25年12月25日「GDPの国際比較」(p16)より筆者作成

3.
経済活動水準（GDP）の変動をどう推定するか

（1）景気観測の重要性

　年頭の新聞紙上には、恒例として、業界を代表する主要企業の経営者達がその年の経済情勢をどう見ているかについてのアンケート形式の「年頭景気観測」が掲載されます。

　これらの記事の背景には、企業の経営者は、年頭にあたり、その年の世界経済と日本経済の動向を予測し、さらに自社の製品市場と調達市場がどう推移するかについての情勢判断が出来あがっていることが前提と

第1章
経営と経済

なっています。一般読者にとっても、それぞれの家計は景気動向による影響を受けますので、主要企業の経営者達がその年の景気をどう見ているのかは、ニュースバリューをもっているのです。

内閣府の国民経済計算は、基本的に過去の経済活動水準の実績をGDP統計によりとらえようとするものです。これに対して、社長Aの関心は、当社製品の売上や原材料価格、人手の確保や人件費等に影響する今後の経済の動向であり、製品の販売戦略、取引先との営業方針、人事や設備投資に伴う経営判断に不可欠な事業環境の将来見通しです。

ところが、景気見通しや当社業況見通しは、必然的にいくつもの不確実性の下にあります。

第一に、将来のことは誰も正確に予測することはできません。このことは企業活動に限らず全てのことについて普遍的に言えることです。しかも、社会全体の景気動向は、複雑多様な経済活動を、膨大な数の統計や観察された事象の積み上げにより解釈する推計に過ぎません。

第二に、社会全体の「景気」動向と、社長Aの属する業界の「景気」動向は、生産する財・サービスの特徴や取引実態により、いつも同じ方向に、あるいは同じ強度で変動するとは限りません。

大衆が毎朝洗面所で使うハブラシや石鹸は、景気が良くなったからといって、売れ行きが力強く増加することは期待できません。その代わり、景気の悪化が売れ行き不振の原因となる可能性も少ないでしょう。一方、同じように大衆を顧客とする業界でも、紳士用の背広服や高級百貨店の婦人服等は、一般に景気動向を強く反映するとされます。外食や旅行等も同様です。

このことは、新聞や経済専門誌の「景気観測」記事からも分かるように、社会全体の「景気」は「晴れ」でも、業界毎に良く見ると、「晴れ」「うす曇り」「曇り」「小雨」「土砂降り」とその様子は異なるものなのです。また、このことは株式市場において、業績推移が景気動向に強く影響を受けるため、景気と株価との間に強い相関がある株式群を「景気敏感株」と呼ぶことを見ても分かります。

第三に、特定の業界の「景気」とそこに属する個別企業の「景気」と

の相関にも不確実性は存在します。業界の景気は活況でも、個別企業の業況をみると、各企業の業界地位、取扱商品のタイプ、販売戦略、投資戦略、各社の社内組織上の事情を反映して業績を伸ばす企業もあれば不振を極める企業もあります。これは、主に業界内の競争条件を反映するものと見ることができます。

このように、社長Aに求められる能力は、社内の情勢、業界の景気、社会全体の景気を観測するいくつものアンテナから情報を分析し、そこに存在する様々な不確実な要素を織り込んだ上で、自社の経営環境の先行きを総合的に見渡す情勢判断能力なのです。

（2）景気観測の実例

社会全体の経済活動水準の今後の変動について調べることを、一般に「景気観測」といいます。より具体的に言えば、近い将来のGDPはどうなるのか、ということです。社長Aが経済専門誌や金融機関の調査リポートなどを通じて情報収集していたのは、この分野の専門家達の見解です。

景気観測は、政府機関、金融機関を始めとする大企業、報道機関、民間経済研究機関、国際機関、経済評論家、学者等、公私、内外、組織形態を問わず数多く提供されており、一般にエコノミストと呼ばれる専門家達によってまとめられた分析と見解、その根拠となった統計数値等の概要は、新聞紙上、インターネット、経済専門誌、各機関の発行する経済調査リポート等を通じて知ることができます。

ここでは、一般のマスコミに取り上げられる代表的な景気観測資料の例を紹介しましょう。

（イ）　内閣府「月例経済報告」

GDPを取りまとめる内閣府が、毎月、続々と更新される経済情勢に関する様々なデータを分析し、日本経済の現状、先行きについての総合的な判断を内閣に報告するものです。政府の景気判断とみることができます。一般紙にも紹介される日本経済の現状を知るための最も基本的な資料の一つです。

第1章
経営と経済

　報告の形式は定型的なもので、冒頭1ページ程度の「総論」において
は、まず「基調判断」として、景気の全体的な方向性とこれに影響を与
える主な要因を指摘したうえで、GDPの需要（支出）を構成する消費、
投資、海外需要の現状について総括し、さらに企業収益、雇用情勢、消
費者物価等の現状を述べます。次に景気の先行きについて、景気に影響
を与える主な要因と景気動向の方向性を示したうえで、予測から乖離す
る原因となるリスク要因を指摘します。この報告は、内閣の経済財政政
策判断の前提として作成されるものですので「政策の基本的態度」とい
う政策実行に関する方針を記述した後、これに続く「各論」において総
論の記述を項目ごとに説明し、判断の前提となった多数の統計図表が付
されます。

　景気観測とは、将来の実質GDPの水準の変動を予測する作業です。
一般の景気討論会や経済調査リポートの議論の枠組みは、この内閣府の
月例経済報告と同様に、基本的にGDPの需要項目である消費、投資、
海外需要の動向予測として行われます。予測を行う際の将来にわたる時
間的な軸は、4半期毎の推計数値を向こう1年程度、長くても2年程度
までを予測するのが一般的です。

　内閣府の「月例経済報告」の他には、日本銀行が作成し、金融政策の
基本方針を決定する月例の政策委員会・金融政策決定会合に提出する
「金融経済月報」は、日本銀行による経済活動の直近と先行きに関する
情勢判断資料として、特に金融界が注目する資料です。

■資料－1

　＜内閣府「月例経済報告」　2014年9月「抜粋」＞
　「総論」
　（我が国経済の基調判断）
　　景気は、このところ一部に弱さもみられるが、緩やかな回復基調が
　続いている。
・個人消費は、持ち直しの動きが続いているものの、このところ足踏
　みがみられる。
・設備投資は、増加傾向にあるものの、このところ弱い動きもみられる。

- 輸出は、横ばいとなっている。
- 生産は、消費税率引き上げに伴う駆け込み需要の反動の影響もあって、弱含んでいる。
- 企業収益は、改善に足踏みがみられる。企業の業況判断は、慎重となっているものの、改善の兆しもみられる。
- 雇用情勢は、着実に改善している。
- 消費者物価は、緩やかに上昇している。

　先行きについては、当面、一部に弱さが残るものの、雇用・所得環境の改善が続くなかで、各種政策の効果もあって、緩やかに回復していくことが期待される。ただし、駆け込み需要の反動の長期化や海外景気の下振れなど、我が国の景気を下押しするリスクに留意する必要がある。

（政策の基本的態度）以下略

（ロ）景気動向指数

　内閣府の「月例経済報告」や日本銀行の「金融経済月報」を始め、数ある景気観測が必ず触れるのが、内閣府が公表する「景気動向指数」です。

　「月例経済報告」や「金融経済月報」は、生産、支出（消費、投資、海外需要）、企業経営、雇用、物価、金融等の膨大な情報を総合的に分析、判断することにより、経済の現状と先行きを簡潔な文章により表現しています。これに対し、景気観測に利用される主要な統計数値の変動を、一定の基準で指数化し、選別された統計数値に表れた景気動向を毎月の指数として表現するのが「景気動向指数」です。

　内閣府の説明を引用すると、「景気の現状把握に一致指数を利用し、先行指数は、一般的に数カ月先行することから、景気の動きを予測する目的で利用する。遅行指数は、一般的に、一致指数に数カ月から半年程度遅行することから、事後的な確認に用いる。」（「景気動向指数」に付された「景気動向指数の利用の手引」より抜粋）となります。

　先行指数（11統計）、一致指数（11統計）、遅行指数（6統計）を一定の基準により算定し、毎月更新される統計数字を指数化しています。例えば一致指数が数ヶ月間、傾向的に上昇していれば、景気は拡大局面にあると判断することができます。

第1章
経営と経済

図表-7 景気動向指数の指数採用系列一覧

先行指数系列（11系列）	一致指数系列（11系列）	遅行指数（6系列）
最終需要財在庫率指数	生産指数（鉱工業）	第3次産業活動指数 （対事業所サービス業）
鉱工業生産財在庫率指数	鉱工業生産財出荷指数	常用雇用指数
新規求人数（除学卒）	大口電力使用量	実質法人企業設備投資 （全産業）
実質機械受注 （船舶・電力を除く民需）	耐久消費財出荷指数	家計消費支出 （全国勤労者世帯）
新設住宅着工床面積	所定外労働時間指数	法人税収入
消費者態度指数	投資財出荷指数	完全失業率
日経商品指数（42種総合）	商業販売額（小売業）	
長短金利差	商業販売額（卸売業）	
東証株価指数	営業利益（全産業）	
投資環境指数（製造業）	中小企業出荷指数（製造業）	
中小企業売上見通しD.I.	有効求人倍率（除学卒）	

出所 内閣府 「景気動向指数」

4.
むすび 「景気」：学生の視点から

　学生にとり「景気」はどのような意味があるのでしょうか。以下の2点について考えていただきたいと思います。

　まず、企業規模や業種を超えて、企業業績と景気動向は無縁ではありえません。しかも、観測される景気変動は、これまでに経験した既存路線の延長線上にある景気循環もあれば、新しい技術、ビジネスモデル、規制環境の変化等により生じた新たな事業環境の構造的な変化に由来するものもあります。

　ビジネスを学ぶ学生や新入社員は、「日本経済新聞を読め」と必ず教

045

育されるものですが、経済記事の大半は、個々の企業や業界が環境変化に対しどう対応しようとしているのか、というミクロの視点と、社会全体の景気動向に関するマクロの視点からの情報群に分類することができます。ビジネスの世界を学ぶ、ということは、企業ごとに異なる事業環境において、現在までの推移と現状、変化の原動力、将来見通し、新たなビジネスチャンスはどこにあるのか、企業はどう対応していくのか、を考えてゆくことです。個々の企業活動と、経済全体の動向を関連づけてイメージできるようになること、これがビジネスセンスの第一歩であり、経済記事はそのための情報源です。

次に、景気動向は学生の就職活動との関連で重要な意味を持っています。

新卒学生の採用は、企業による労働力の定期的な調達活動です。企業は景気見通しに応じて新規採用する労働力の量と質を調整します。景気動向は労働力の売り手となる学生にとり、買い手の意向を知るための重要な指標なのです。

例えば、2008年秋から世界を震撼させたリーマンショックは、日本の景気を短期間のうちに当初予想よりもはるかに深刻に後退させ、2010年新卒の就職環境に深刻な影響を与えました。しかし、その後景気が底を打つと新卒予定者の就職内定状況は、景気回復と連動して改善しました。新卒学生の就活状況は景気動向ときれいな相関関係にあります。これから社会に出ようとする学生は、社長Aと同じように、景気から目を離すことは出来ないのです。

■ 参考文献 ─────────────────────────

経済学の教科書には数多くの良書がありますが、以下を推薦します。

福岡正夫　著　『ゼミナール　経済学入門』　第4版　日本経済新聞出版社
　　2008年

伊藤元重　著　『入門　経済学』　第3版　日本評論社　2009年

GDP統計については内閣府のホームページに一般向けの解説があります。
「国民経済計算とは」「よくある質問」等

（内閣府ホーム→統計情報・調査結果→国民経済計算（GDP 統計））

　日本経済の現状に関して内閣府が定期的に公表する基本的な文献には次のようなものがあります。
『年次経済財政報告』（国内経済）、『世界経済の潮流』（世界経済）
（内閣府ホーム→経済財政政策→白書等（経済財政白書、世界経済の潮流等））

　日本経済の近年の諸問題を扱う教科書としては、以下を推薦します。
小峰隆夫・村田啓子 著　『最新　日本経済入門』第4版　日本評論社　2012年
八代尚宏 著　『日本経済論・入門』　有斐閣　2013年

第2章 Corporation

企業と会社

要 約

　企業に対する見方は様々ありますが、企業は 200 年ほど前に、財やサービスを提供するシステムとして生み出され、市場を通じた交換によって、人々の生活をより豊かにするために存在しています。企業のうち共同企業が会社と呼ばれ、今日では株式会社が会社形態の代表的なもので、その影響も大きく、様々な利害関係者、すなわちステークホルダーとの関わりの中で企業行動を展開しています。そうした企業は、もちろん私的な側面もありますが、もはや社会の制度としての認識のもと、様々なステークホルダーの期待に応えていくことが重要になってきます。

1.
企業と生活

　一日の生活を振り返ってみましょう。朝起きて着替えた服は、有名チェーン店で買ったものではなかったですか。朝食は何を食べましたか。トーストとソーセージとスクランブルエッグ？　それとも味噌汁にご飯と漬物と卵焼き？　もっと簡単にシリアルと牛乳で済ませたかも知りませんね。自分で作ったにしろ、家の誰かが作ったにしろ、食品や食材は近くのスーパーやコンビニで買ってきたものですよね。通学はバスと鉄道？　それとも自転車かな。今提げているバッグもその中に入っている書籍や文具も、四六時中見ているケータイも、すべてお金と交換して、手に入れたものですね。そしてその向こうには、そうしたモノやサービスを提供してくれる企業が必ず存在しているわけです。

　使ったお金はどのようにしてゲットしました？　親からもらった？あるいはアルバイトで稼いだ？　親からもらった場合、その親はどのようにしてお金を得たのですか？　勤め先からお給料として頂いた、自営の商品を売って稼いだ…いずれにしても企業から支払われたものなのです。

　つまり、企業はモノやサービスを提供する側面でも、またその消費に必要なお金を供給する側面にも深く関与し、日常生活の隅々まで入り込んでいるのです。現代に生を受けた私たちは、蜘蛛の巣のように張り巡らせられた企業の網の目の中で生きているのです。

　企業はそういう意味では人々の生活や生き方を規定する現代における代表的な組織であり、産業社会を構成する重要な要素なのです。

第2章
企業と会社

2.
企業についての記述

　それでは、企業とは何か。理解を助けるために企業について書かれた
ものを少し見てみましょう。まずは辞書。広辞苑では企業を「生産営利
の目的で、生産要素を総合し、継続的な事業を経営すること。また、そ
の経営の主体」と定義しています。社会学では企業も家族や村や国とい
った社会集団の一つの形態と見做され、「企業とは、生産と流通面に関
する経済活動を主たる目的とする経営体である」とされています。[1] 経
営学の分野では企業の概念は様々であり「生産単位」とか「営利組織」
とかあるいは「経営資源を投入して、商品・サービスといったアウトプ
ットを生み出すシステム」とかという形で規定されています。特にチェ
スター・バーナードBarnard, C.Iは企業を人間による「協働体系
cooperative system」と捉え、経営学にバーナード革命と呼ばれる新し
い風を吹き込んだことは注目されます。[2]

　アダム・スミスAdam Smithが分業による生産性の向上について記
述した書物を著わしたのが、1776年です。[3] 分業は仕事を細分化してそ
れぞれの役割を複数の人間によって分担することです。また協業とは、
分担された役割を複数の人間が協力し合って一つの仕事として成し遂げ
ることです。分業は必ず協業を必要としますが、人が他の人と協力し合
うのはなかなか簡単なことではありません。分業、協業を合わせて協働
といいますが、企業はそういう意味ではバーナードのいう「人間協働シ
ステム」と捉えることも可能です。

　以上の記述をまとめると、企業は人がつくり出したもので、そこでは
人々が組織を形成し、分業と協業により、資源をつかって財やサービス
を生み出し、それを社会に供給していることが分かると思います。

　ではこうした企業はいったいいつ頃から生み出されてきたのか。少し
マクロな視点で考えてみたいと思います。

051

3.
企業の誕生

　人類の起源をどこに求めるか、についてはいろいろな説があります。が、仮に60万年前とすると、人類は59万年間、海に行っては魚を釣り、貝を拾い、山に行っては山菜や木の実や果実を集め、またウサギや鹿を捕まえて食べるという、狩猟採集の生活を送っていたと考えられます。農耕や牧畜が始まったのが、ほぼ1万年前、いわゆる農業革命です。人々は定住し、村や町が形成され、国境が築かれました。人々は宗教や教育、慈善、政治のために組織を作りましたが、営利のために組織を形成するまでには至っていません。

　それでは企業、特に現代の代表的な企業である株式会社の始まりはいつか？　15，6世紀の大航海時代とする説が多く見受けられます。初期の企業は、アフリカからインド、東南アジアなどで通商を行い、香料をはじめとする特産品を仕入れヨーロッパに持ち帰ることを目的に設立され、目的が達成されると解散していました。そういう意味では現代の株式会社とはほど遠いものでした。

　その後、1602年に設立されたオランダ東インド会社をもって「株式会社の起源」とすることが多いようです。これもアジアでの通商を目的に設立されましたが、法人格を有し、出資者の有限責任制や持分の譲渡などが確立しており、会社活動も一時的なものから永続的なものへと変貌を遂げていました。但し、会社設立は国王や政府の許可制となっていたり、経営支配が一部の特権階級によっていたりしており、本来の意味で、企業が現在のようなものになるには18世紀末の産業革命まで待つ必要がありました。

　生産の三要素とは、資本と土地と労働といわれています。資本とは元手、土地とは水や鉄など、自然の資源を含んだもの、そして労働は労働力です。近代的な企業が成立するためには。資本や自然資源の集中に加え、労働力の集中もキーファクターでした。労働力を集めるにはしかし、

職業の世襲制度、すなわち武士の子は武士、農民の子は農民といった身分制度の崩壊を待つ必要があったのです。

> **図表−1** 株式会社の始まり

■ 大航海時代 15, 6 世紀

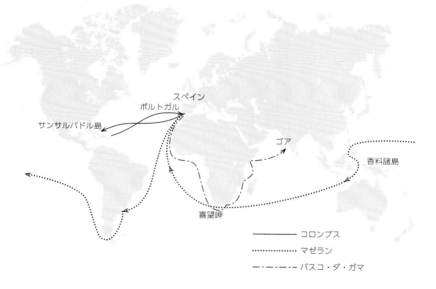

　企業は従って、19 世紀と 20 世紀の、たかだか 200 年ぐらいの歴史しかありません。しかしこの間に企業は、それぞれが社会的分業の一旦を担いながら、最初にみたように壮大な連関を築きあげていったのです。産業革命以降、鉄道、飛行機、自動車や道路といった移動手段の発達、電話や電信といった通信手段の発達、電気を供給する電線網、都市の地下をとおるガス管や水道管、それに石油のパイプラインといったネットワークが張り巡らされ、産業と産業、企業と企業が繋がりながら、産業社会が構築されました。その結果、現在は企業がなくてはたちゆかない社会になっています。この先も、そうした状況が続くのでしょうか？
　将来のことはよくわかりませんが、現在進行形のパラダイム変換として「情報革命」があげられると思います。人によってはこれを農業革命、

産業革命に次ぐ人類史上の大きな「革命」ととらえ、どこでもネットワークによって人や情報と繋がることができる新しい画期的な状況においては、産業革命以降に企業を中心とする産業社会が成立したように、情報革命によって今までとは違う「ポスト産業社会」が誕生すると予想しています。そうすると、企業というシステムもかなり変化していくことになりますが、みなさんはどのように思いますか。

図表－2　マクロな視点で見た企業の位置づけ

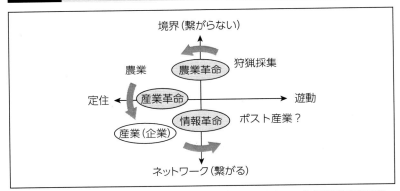

アルビン・トフラー「第三の波」、ウィリアム・J・ミッチェル「サイボーグ化する私とネットワーク化する世界」を参考に図解

4.
企業観の変遷

　企業は、財やサービスを効率よく供給するために人間が考え出したシステムです。したがって、企業が出現して間もない19世紀では企業は財やサービスを供給する手段としての企業観が一般的でした。人々は企業のもつ経済的機能に注目し、それ以上のものを企業に求めることはなかったのです。そうした状況では企業は良い製品をより安く、社会に供給することで、社会的責任を果たすことができたのです。
　しかし、株式会社のような形態をとることにより、企業は膨大な資本

を集めることが可能になり、事業規模は拡大し、組織も大規模化していきました。その結果、企業行動の社会に及ぼす影響が重大な結果を招くようになると、人々は企業組織の統治的機能に注目しだすようになりました。廃液や排煙、騒音といった公害問題や環境問題への取り組みをはじめ、欠陥製品の製造物責任やコンプライアンスなど、20世紀はまさに、組織としての企業統治が強調された時代であったといえます。

　それでは21世紀は、どうなるのでしょうか。現在の潮流から見えるのは、「社会的制度」の一部としての企業という認識だと思われます。ドラッカーDrucker, P.Fは企業を次のようにとらえています。「企業は社会的組織である。共通の目的に向けた一人ひとりの人間の活動を組織化するための道具である。- 中略 - 企業の経済的な機能と社会的な構造を規定するものは、人間組織である。- 中略 - 近代企業とは人間組織である」と。すなわち、社会との関わり、企業の内外の人間との関わりの中で企業をとらえ、その社会的機能に焦点をあてていく見方が強まるように思えます。企業との関わりをもつ人や組織や対象をステークホルダーと呼びますが、まさに、これからの企業は様々なステークホルダーズとの関係性において、その存在意義が問われていくことになるでしょう。[4]

図表－3　企業観の変遷

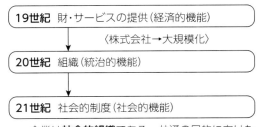

三戸浩・池内秀己・勝部伸夫「企業論」の記述をベースに著者が修正を加え作成

5.
企業とステークホルダー

　フリードリッヒ・ニーチェの哲学が画期的であった一つの要因は、言説そのものというよりは、その言説を述べている発話者の立場を問題にしたことでした。要は「誰が言っているのか？」ということを問題にしたのです。立場が違えば、自ずと言説そのものの意味が異なってくるという考え方です。例えば、向かい合う人が「右」と言った時、その人が、その人の立場で発言しているのか、その人と向き合う人の立場に立って発言しているのかによって、その人が意図する方向は違ってきます。「握り飯」という言葉を聞いたとします。腹ペコの若者が発言した場合は、それを食べることに至福の喜びを見出したのかもしれませんが、胃を切除した病人が発言した場合は、その一つを食べきるには気が遠くなるほどの苦行になるという思を込めているのかもしれません。そういうこと

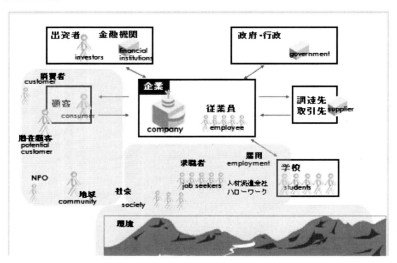

図表-4　企業とステークホルダーズ

著者作成

第2章
企業と会社

からすると、企業に対する見方も、ステークホルダーの違いによって異なると考えて当然です。

　それでは、様々なステークホルダーにとって、企業はどのようにみられているのでしょうか。まずは消費者です。消費者にとって企業はまさに財（商品）やサービスを提供してくれるところです。消費者の期待は常に、良い商品やサービスを適切な価格で適切なタイミングで提供してくれることです。顧客満足は期待に対して現実の商品やサービスの価値がどうであったかによります。すなわち期待どおりか期待以上であれば、顧客満足は増加し、企業に対する信頼も増していきます。逆に現実の商品やサービスの価値が期待未満であれば、企業に対する不信や不満に繋がっていきます。

　次に従業員にとって企業は働き、報酬を得るところということになります。しかしそれだけではありません。企業の中である役割を担うことで同時に社会的な役割を果たすということになります。初対面の人に対しても名刺を差し出すことで、その人の会社の中での役割や地位、さらには社会における役割や地位も速やかに了解されてしまうのは、そのためです。働くということは常に二つの側面を持っています。自分の思いを製品やサービスに注ぎ込むという側面と、そうしたものを同等の価値のものと交換するという側面です。企業で働く場合でも、従業員にとってこの二つの側面は重要な意味をもちます。

　投資家にとっては、企業は出資の対象です。出資の見返りとして企業活動の結果生じた利益から配当を受け取ります。株式会社の場合は株価が上昇した時に保持している株式を売却し、株式売却益すなわちキャピタルゲインを得ることもできます。したがって投資家にとって売上や利益といった業績はもちろん、その企業の将来性、さらには株価と連動するといわれる企業価値といった指標は重要です。投資家はそうした指標で企業を評価し投資するかしないかを決めます。投資した後もそうした指標は投資家（株式会社の場合は株主と呼ばれる）にとって経営者のパフォーマンスを評価する基礎になります。また株主にとっては、経営者が真面目に企業価値をあげる様々な施策を実施しているかといったこと

も大きな関心事です。[5]

　金融機関にとって企業は資金を貸し付け、利息を受け取る対象です。金融機関にとって最大の関心事は貸したお金が期限になればちゃんと戻ってくること、すなわち返済されることと、決められた利息がちゃんと支払われることです。そのためには投資家と同じように企業の業績や財務状況を評価します。それ以上に大切なのは企業の信用です。過去に借りたお金をちゃんと返済しているかや不渡りを出していないかといったことを調査して貸付を決定します。

　企業にとって投資家から出資してもらおうが、金融機関から借りようが、資金の調達という意味では同じです。調達したお金に色はついていませんから、自由に使うことができます。但し、投資家からの出資金に返済義務は生じませんが、金融機関からの借金は期限がくると返済しなければなりません。そのため企業では常に前者を資本、後者を負債として貸借対照表に区別して記述しています。

　行政にとって企業は法人税をはじめ事業税や固定資産税等の徴収対象です。また商法や会社法、税法、労働法など企業が守るべき法律をちゃんと守っているか監視する対象でもあります。さらには法律の枠組みから漏れていたり、法律で裁くまでには及ばなかったりする事柄に対して行政指導を実施する対象でもあります。通常、企業は市場メカニズムに沿って行動する限りにおいて社会全体としても資源が効率的に配分されると考えられますが、そうでない場合、行政が乗り出す必要が生じます。いわゆる「市場の失敗」です。

　市場の失敗は①独占・寡占状態の存在　②外部性の存在－かつて工場廃液や煤煙にお金をかけることは企業にとって不経済であり、そのまま排出することにより公害などが生じた（内部不経済の外部不経済化）。③情報の非対称性の存在－商品についての情報が分からない場合、平均的な価格形成がなされると、悪い商品が市場に蔓延るなどの現象が生じる　④公共財－道路や公園など使っても減らないし、特定の人（例えばお金を出した人）の使用に限定することは難しい。これを非競合性と非排除性（排除不可能性）があるといいますが、こうした公共財は市

第2章
企業と会社

場のメカニズムに馴染みません。一部の人がお金を出して憩の公園を造ったとしても、お金を出さなかった人々も公園を利用します。いわゆるフリーライダーですが、そういう人が多いと、みんなお金を出したがらないのです。「市場の失敗」については行政が法律や行政指導により、企業行動を制約し、資源を社会全体として有効に活用できるように是正手段を講じる必要があります。

　大学にとっては多くの学生の就職先です。また時には、共同研究の相手ということになります。いわゆる産学連携で、新技術の開発や新事業の創出などイノベーションの促進を目的としている場合が多いようです。

　最後に学生のみなさんにとって企業とは何でしょうか。就職するところ、自分の将来を託すところ、大学で学んだ知識や身につけた能力を発揮するところということでしょうか。

　社会的制度としての企業とは、まさにこうしたステークホルダーとの関係の中で存続していく組織だといえるでしょう。こうしたステークホルダーの期待を担い、それに応えていくのが企業というシステムの在り方であると考えられています。

図表－5　ステークホルダーから見た企業

1）消費者　…財やサービスを提供してくれるところ
2）従業員…働き、報酬を得るところ→社会的役割を
　　　　　　　　果たすところ
3）投資家…投資をし、配当を受け取る対象
4）金融機関…資金を貸付け、利息を受け取る対象
5）行政…税金徴収先、行政指導の対象
6）大学…学生の就職先、共同研究の相手
7）学生…就職するところ
　　　　　　自分の将来を託すところ

6.
企業と会社

　警察官とお巡りさんはどうちがうかという問題を出された噺家が、パトカーに乗っているのが警察官で、自転車で走っているのがお巡りさんだと回答していました。それに倣うと、企業と会社はどういうふうに使い分けているのでしょうか。

　普通、うちの会社とか、おたくの会社といった使い方をしますが、うちの企業とかおたくの企業とはいいません。企業人とか企業家という使い方は普通ですが、会社人、会社家は日本語として不適切です。あえて言おうとすると会社員。会社人間とか会社経営者ということになりますが、これでは少し意味が違ってしまいます。

　このような例から察すると、企業というシニフィアンは会社に比べより一般的なシニフィエを指すように思われます。[6] 企業会計原則や企業の社会的責任が広範囲で普遍的な事柄であるのに比べ、それぞれの会社では独自の会計処理を行っていたり、ユニークな社会的責任を果たしていたりするのです。「経済学辞典」によれば企業は「営利経済の単位体」であり、「一個の機能資本として運動」し、「一個の主体として市場に登場する」と定義されています。

　法律的には企業と会社の概念は明確に違っています。企業は実定法上の概念ではありませんが、法律学者や法曹界でもしばしば使われています。企業はそこでもやはり会社より広い抽象化された形でとらえられています。一方、会社は商法や会社法によって明確な概念規定がなされています。すなわち、企業と会社の概念の大きさの違いを示すと大体において企業＞会社ということになります。企業と会社の関係を図に示すと次ページのようになります。

　企業には個人企業が含まれます。企業のうち共同企業が会社です。まず、個人企業とは法人を設立せず、個人で事業を行っている企業のことです。家族だけ、あるいは少数の従業員を雇用している小規模な事業体

第 2 章
企業と会社

図表-6 企業と会社

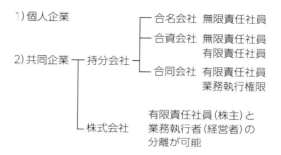

がほとんどです。個人企業の企業主は個人事業主、自営業者とも呼ばれます。個人企業と会社ではちょっとした違いがあります。

ここでは岩井克人氏の示された事例を紹介します。個人で経営している果物屋のおやじさんが小腹がすいたので、店に並んでいたリンゴを一個摘まみ齧る場面を想像してみてください。今度はイオンの株主である大学の先生がイオンの食料品売り場で、たまたま持ち合わせていた株券を掲げながら一個リンゴを取って口に運ぶ場面を思い浮かべてください。

この二つの例は同じなのか、違うのか考えてみてください。どうですか？[7]

多くの方が、果物屋のおやじさんのつまみ食いは問題ないが、大学の先生の行為はおかしいと思ったはずです。こういう感覚って大切です。ではなぜか？　理由をきかれると答えられない人も多いかもしれません。要はリンゴの所有者は誰かという問題です。すなわち個人企業の店先に並べられているリンゴは果物屋おじさんのものです。それに比べて、イオンの店先に並べられているリンゴはイオン株式会社（実際はその子会社のイオンリテール株式会社）という法人の所有物なのです。したがって株主も従業員も、経営陣も無断で手をつけることは厳密にいうと犯罪になります。

それでは会社の法律上の定義はどうなっているのでしょうか。会社法の規定では「会社は法人とする」（会社法3条）とだけ定められています。しかし平成17年（2005年）改正前の商法（旧商法）52条・54条およ

び旧有限会社法1条では会社は「営利を目的とする社団法人である」と定義されています。法律解釈の細かな議論に立ち入ることをやめ、ここでは一般的な会社を考えたいと思います。その場合、会社の特徴としてはやはり、営利性、社団性、法人性をあげることが適切であると考えられます。営利性とは事業を通じて利益を確保し、出資者へ利益を分配する目的をもっているということです。社団性とは構成員の結合を意味します。法人性とは権利の主体になれる地位を意味します。権利の主体とは法人として契約ができ、財産を保有できることです。すなわち会社の名義で銀行口座を持ち、支払や送金が可能になるなどの権利能力を持ちます。

　会社は大きくは持分会社と株式会社に分かれます。持分会社とは会社の所有者が自ら経営をする会社形態（所有と経営が一致）のことであり、株式会社は所有者と経営者の分離を可能にする会社形態（所有と経営の分離）をいいます。持分会社には合名会社、合資会社、合同会社の3種類があります。それぞれの特徴は以下のとおりです。

　1）合名会社

　　会社をつくろうとするもの全員が元手、すなわち資本金を出し合う形態です。この場合元手を出した人々（出資者）はなんらかの形で経営に参加します。出資者は社員と呼ばれますが、事業活動により生じた会社の借入金や負債については、各社員は連帯で全額返済する責任が生じます。これを無限責任といい、またその責任を負う社員を無限責任社員といいますが、合名会社は無限責任社員だけで経営される会社形態です。したがって企業活動において個人の信用や財力が大きな力をもつことになります。[8]

　2）合資会社

　　無限責任社員と有限責任社員からなる会社形態です。無限責任社員は会社の借入金や負債に対して無限の責任を負います。有限責任社員は出資した資金を限度に責任を負いますが、それ以上は責任を負いません。合資会社も、やはり社員の顔ぶれで信用のあるなしが

決定されるため、個人的色彩が強い会社形態だといえます。

3）合同会社

　専門知識やノウハウをもった少数者が集まり、自らが経営する会社組織です。出資者・業務執行者は全員有限責任社員です。民法上の組合にあたり、2006年（平成18年）の商法改正により認められた日本版LLC（Limited Liability Company）と目せられる形態です。弁護士の法律事務所や会計士の会計士事務所といったところが、合同会社形態をとります。

4）株式会社

　会社ではもっとも多い会社形態で出資の権利関係が株式によって示されています。

　従ってここでは社員は株主と呼ばれています。株主はやはり出資した資金の額だけの責任を負うことになり、それ以上は債務に対して責任をとる必要はありません。

　業務執行は、自ら行うことも可能ですが、経営の専門家に任せることもできます。企業の所有と経営が分離できる組織であるということが、株式会社の大きな特徴であると言えます。

7.
市場そして交換、取引の束としての企業

　企業行動について、現代の代表的企業形態である株式会社を例にして考えてみましょう。株式会社の設立は出資者からの出資をもって始まります。出資者は出資と交換に株式を得ます。出資金は資本、出資者は株主と呼ばれます。株式は株主のもつ権利を示すものです。

　さらなる資金が必要であれば、資本金を増やすことが考えられます。増資です。上場している会社であれば、新株を株式市場に出すことで、資金を集めることができます。資本金は返済の義務はありませんが、そ

れと交換に株主の手に渡った株式は株主が配当を請求する権利や株主総会等を通して会社の経営に参加する権利などが認められています。[9]

また借金という形でお金を調達することもできます。証券市場に社債を出したり、金融機関に借用書を提出したりすることで、資金が調達できます。そうして調達した資金は借入金と呼ばれ、ある一定の期限がくると返済や利息支払いの義務が発生します。

会社は調達した資金を元手に、原材料や設備を購入し、人材を雇い、製品を製造します。こうした行動もそれぞれの市場において、資金と原材料、資金と設備、資金と労働力の交換という取引の形でなされます。すなわち原材料は原材料市場、設備は生産財市場、労働力は労働市場を通じて資金、すなわちお金との交換を通じて調達されます。調達された原材料は設備の使用や労働力の投入により加工され、製品として今度は商品市場を通して顧客の持つお金と交換されるのです。

そういう意味では企業とは多くの市場に囲まれ、そこで交換という行為を繰り返す、存在ということができます。

図表－7　取引の束としての企業

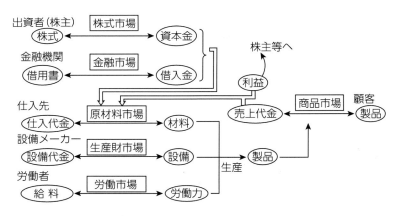

著者作成

8.
まとめ

　私たちが現在生きている資本主義社会は、分業に基づきそれぞれが得意とする分野で製造した商品や提供したサービスを、様々な市場を通して交換し合う仕組みによって成り立っています。様々な市場で企業と企業が、あるいは企業と個人が結ばれ、市場を通じて交換することにより、社会全体でより豊かになることを目指しています。企業はそうした網の目に相当する経営単位です。

　しかし、企業がかかわる環境は、市場だけではありません。市場がタスク環境という意味合いにおいて、企業行動が直接に影響を及ぼし、ある程度、企業の意思の反映できる環境である一方、市場メカニズムではカバーできない、領域もあります。独占や外部不経済の問題、さらには情報の非対称性の問題などにより、より豊かな社会がより悲惨な社会になってしまう可能性も大いにあります。具体的には消費者の意向が全く反映されなかったり、自然破壊が生じたり、伝統的な文化が消滅したりします。あるいは知らないうちに消費行動が煽られたり、過度の競争や企業中心主義により従業員の生活が悪化したり、地域コミュニティが崩壊したり、さらには拝金主義を助長し人々の関係がギスギスしたものになったりします。

　これから社会に出ていく若いみなさんにとっては、消費者としても、働き手としても、企業についての見方をしっかりもつことが大切です。経営学を学んだ者として企業からの一方方向の考えに染まることなく、常に自分で客観的に判断できる自律性を保持していくことが求められていると思います。

図表－8 企業と環境

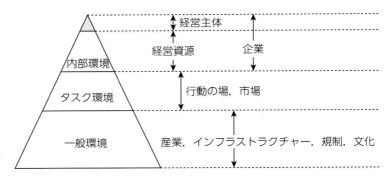

―西郷幸盛「現代企業論講義」P6 図1-3 現代企業の存立構造より―

■注

1) 社会集団とは狭義もしくは本来的には組織集団を意味し、小笠原によれば企業もその一つで「現代はまさに『企業の時代』である」としている。『集団の社会学』p186

2) バーナード革命とは次のようなバーナードの業績をいう。すなわち、バーナードは組織を「システム」と見なし、システム内部と外部の環境変化が相互に影響を及ぼし変化していくものとしてとらえ、また意思決定を環境の変化に応じた「情報選択」としたことなどにより、それまでの管理中心的で固定的な組織観を克服した。その結果、近代組織論と呼ばれる「システム論」「意思決定論」「コンティンジェンシー理論」「経営戦略論」などが発展する道を開いたとされる。

3) 1776年アダム・スミスは『諸国民の富の性質と諸原因についての一研究 An Inquiry into the Nature and Causes of the Wealth of Nations』=『国富論』を著わした。そこには要約すると「一人の職工がピンの製造の全工程を一人でするとすれば、一日に一本のピンさえつくれないが、工程をそれぞれ一人の職工が分担してピンをつくれば、十人の職工が一日に4万8千本ものピンをつくることが可能になる」という記述が見られる。『国富論』p10-12参照

4) ドラッカーは1954年に『現代の経営 The Practice of Management』を著わし、企業を社会やコミュニティに根差した社会的機関ととらえ、マネジメントの目的をマーケティングとイノベーションによる顧客の創造とした。加

えてマネジメントの本質について様々な鋭い洞察を示し、経営者や研究者に大きな影響を与えた。本文の引用はそれに先立つ1946年に出版された『企業とは何か』の第2章の部分である。半世紀以上前に、21世紀のトレンドとなっている企業の社会的使命（責任）を主張していることに注目したい。P20-25参照。

5）企業価値については様々な考え方があるが、計算方法の一つとして、将来の成長可能性も視野に入れたキャッシュフローを現在価値に置きなおした、キャッシュフロー割引原価法が採用される場合が多い。また企業価値が株価や株式の利回りに反映されているとみなし、株価×発行株式数＝時価総額そのものとする考え方もある。

6）ソシュールは言葉を記号として考え、言葉そのものをシニフィアン、言葉が示す対象をシニフィエと呼んだ。言語はそうした記号体系でありシニフィエの差異性をシニフィアンで表すことにより、人間は対象を認識し、他者とコミュニケーションをとることができると主張した。

　　組織の例でいうと、ホンダやソニーという対象は愛知県や名古屋市といった組織とは違う。また運動クラブや同好会といった組織とも違うということからそれらの組織から切り離して「企業」というシニフィアンを付与することによって認識が可能になる。

7）岩井克人『会社はこれからどうなるのか』平凡社　2003年　p43-47参照

8）ここでいう「社員」はパナソニックの社員とかトヨタ自動車の社員という一般の用法とは異なる。あくまで法律用語で出資をした者を意味する。株式会社では「社員」は株主と呼ばれる。

9）株主権には本文に示した他に、残余財産分配請求権、株主提案権、株主総会招集権、帳簿閲覧権などがある。

■参考文献

小笠原眞『集団の社会学』晃洋書房　2001年

C.I.バーナード『経営者の役割』山本安次郎・田杉競・飯野春樹訳　ダイヤモンド社　1956年

アダム・スミス『国富論』大河内一男監訳　中央公論社　1988年

アルビン・トフラー『第三の波』徳山二郎監修・鈴木健次・桜井元雄訳　日本放送出版協会　1982年

W.J.ミッチェル『サイボーグ化する私とネットワーク化する世界』渡辺俊訳
　　NTT出版　2006年

P.F.ドラッカー『企業とは何か』上田惇生訳　ダイヤモンド社　2005年

P.F.ドラッカー『〔新訳〕現代の経営上、下』上田惇生訳　ダイヤモンド社
　　1996年

三戸浩・池内秀己・勝部信夫『企業論』有斐閣アルマ　1999年

植村省三『日本的経営組織』文眞堂　1993年

山下眞弘『はじめて学ぶ企業法』法学書院　2006年

橋爪大三郎『橋爪大三郎の社会学講義』夏目書房　1995年

岩井克人『会社はこれからどうなるのか』平凡社　2003年

井原久光『テキスト経営学〔増補版〕』ミネルヴァ書房　2005年

西郷幸盛編著『現代企業論講義』中央経済社　1989年

第3章　ビジネス法

Business Law

要約

　皆さんは社会人になると会社員などの立場でビジネス（企業・団体などの事業目的実現のための活動）に関わりますが、ビジネスに法がどのように関係しているのでしょうか？　ビジネスの様々な局面で実に多様な法が関わっているのです。

　ビジネス法とは、ビジネスに関連する法の総称です。一方、国際取引法とは、国際間の取引に関連する世界各国の法の総称です。そして、国際取引法は、一般的・包括的なビジネス法のうちの国際的色彩のある分野として位置づけると、両者の相互関係イメージは下図のようになります。

　本章では、国際取引法を除いた部分のビジネス法について学びます。このビジネス法を知識・教養ベースとして身につければ、グローバルに展開するビジネスに必要とされる国際取引法をより易しく学ぶことにも役立ちます。皆さんがビジネス法の全体を鳥瞰図的に見渡せるように以下に解説を試みますので頑張って最後まで読破してください。

　以下にて順次、法とは何か、法の目的、法を学ぶメリット、法の体系、六法の基礎知識、法の有機的相互関係、会社各部署に関係する法、会社に何らか関係する人々に関連する法、会社の役員・従業員に関連する法、困ったときの相談先、そして、紛争解決について学んでいきましょう。

図表−1　ビジネス法と国際取引法

1. はじめに

（1）法って何？

　法と道徳の違いは何でしょうか？

　道徳は社会に元々存在するものですが、法は国会・行政機関・地方自治体が作るルールです。法には法律・規則・政省令・条例が含まれます。（注：　法と法律を厳密に区別して使用する場合もあります。その場合の法は道徳とほぼ同じ元々存在する規範を意味します。しかし、あまりに言葉の定義にこだわりすぎると混乱するので本章では概観を容易に把握するために細かい定義にはこだわらないようにします。）

　法と道徳の関係は以下のようになります。

図表－2　法と道徳

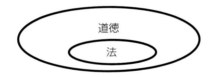

　例えば以前、老舗料亭の不祥事がありましたが、前の客が残した食材を後の客に提供する行為は、法（食品衛生法）には反していなくても、そして、いくら世界の資源不足・貧困飢餓でもったいないという理由があったとしても、今の道徳・モラル・企業倫理・常識には反している行為です。その結果、その料亭は存続することすらできなくなってしまいました。従って、我々は国家強制力のない道徳であってもおろそかにすることはできませんし、移りゆく時代や世間の感覚に鋭敏でいる必要があるのです。

第3章
ビジネス法

（2）法は何のためにあるの？

　法の目的・機能は、大別すると二つあります。それは、①自己実現や幸福追求を支援すること、そして、②秩序維持や利害調整や紛争解決を支援することです。

　具体的には、自己実現・幸福追求支援機能は、皆さんの基本的人権を守り、皆さんが自由に活動することを保障します。そして、秩序維持・利害調整・紛争解決支援機能は、個々の人や会社が自由に活動する際に、社会秩序を乱したり、他者（他社）の利害と衝突したり、他者（他社）と紛争になったときに有効に働きます。

（3）法を学ぶと何かいいことがあるの？

　社会人としてリーガルマインド（法的思考力・法的センス）を持っていることが自らを守るためにも必要です。成人し、特に社会に出てからは、法についての基礎的知識が不可欠です。日頃の買い物やバス・地下鉄を利用する際にも、皆さんは意識せずとも法律行為を行い契約の締結・実行をしているのです。皆さんが就職・入社する際には、会社と労働契約を締結し、不祥事を予防するためにコンプライアンス（法令・企業倫理の遵守）教育を受け正しい業務遂行を求められます。このように自分自身の法律行為について何も問題が起きないように予防するとともに何か問題が起きたときに適時適切に対応できるためにも、皆さんは今のうちにリーガルマインドを醸成しておくことが必要なのです。

　例えば、新聞などで会社におけるパワー・ハラスメント（パワハラ）が時々問題になっています。パワハラとは職務関連の嫌がらせです。例えば、仕事を進めるうえで、上司として部下に対して厳しい指導を行うことが必要なときもありますが、度を超すとパワハラになってしまいます。それでは、厳しい指導とパワハラとの限界を画する基準は何でしょうか？　職務と関係ないことにまで言及して叱責する上司や感情的に怒鳴りまくるような上司は問題外です。厳しくとも正しい指導とは、職務に関係のあることについて、部下の資質・経験なども考慮に入れて、理由を明確にして、適度で適正な指導を、合理的に冷静に、周りにも配慮

071

しながら行うことです。そして、指導後のフォローも大切です。

　なお、社内のある特定の上司の部下の複数がメンタルで病んでしまったときには、直ちに会社としてパワハラがなかったかどうか慎重かつ徹底的に調査し、問題あれば当該上司を処分し、改善・再発防止策を実施すべきです。

　なお、鈴木治雄『リーガルマインドを育てたい』企業法学会編・企業法学第1巻（商事法務研究会、1992年）6頁によると、リーガルマインドとは、次の三つを満たすことです。：

①論理的判断：　物事を論理的に考えることができること。

②常識的判断：　現実の事実を正確に認識し、適正に判断できる常識を有すること。

③柔軟対応：　上記の論理的判断と常識的判断を結合させて、事態に柔軟に対応できること。

（4）法の体系

　法は以下のように分類できます。

- 六法：　六法とは、憲法・民法・商法・刑法・民事訴訟法・刑事訴訟法の六つの法の総称です。（注：　広い意味で六法というときは、六法全書（法令集）を指します。）
- 公法と私法：　公法とは、憲法・行政法など国家と市民の関係を規律する法です。私法とは、民法・商法など私人間の関係を規律する法です。
- 実体法と手続法：　実体法とは、民法・商法・刑法など法律関係自体の内容を定める法です。手続法とは、民事訴訟法・刑事訴訟法など実体法が定める法律関係を実現するための手続を定める法です。
- 民事法と刑事法：　民事法とは、私法に関する実体法と手続法の総称です。刑事法とは、犯罪と刑罰に関する実体法と手続法の総称です。
- 社会法：　社会法とは、薬事法・健康保険法・食品衛生法・労働基準法など医療・福祉・衛生・労働に関する法の総称です。
- 経済法：　経済法とは、独占禁止法・下請法・景品表示法など国民

経済のために国家が市場経済に積極的に介入・規制するための法律の総称です。

・行政法： 行政法とは、公務員法・警察法・国家賠償法など行政組織・行政活動・紛争処理・行政救済の法の総称です。

図表－3 法の体系分類図

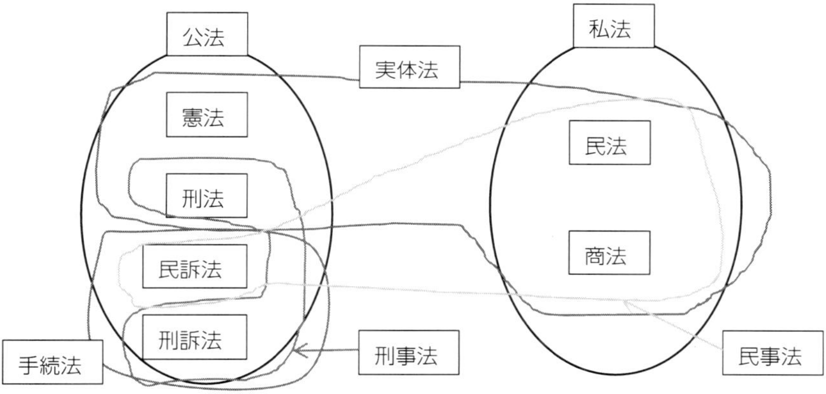

公法　実体法　私法
憲法
刑法　　　　　　民法
民訴法　　　　　商法
刑訴法
手続法　　　　刑事法　　　　　民事法

（5）六法の基礎知識

憲法（Constitution）は、国の基本法で、前文、天皇、戦争放棄、国民の権利・義務、国会、内閣、司法、財政、地方自治などについて定めています。

民法（Civil Law）は、市民の法で、総則（人・法人・物・法律行為・期間計算・時効など）、物権（占有権・所有権・担保権など）、債権（契約など）、親族（婚姻・親子・親権・後見・保佐補助など）、相続（相続人・相続放棄・遺言・遺留分など）などについて定めています。

刑法（Criminal Law）は、犯罪と刑罰の法で、総論と各論（個別の犯罪）から構成されています。

商法（Commercial Law）は、会社法を中核とするビジネスに最も関連のある法で、総則、商行為、海商などについて定め、手形・小切手法も含みます。会社法は、総則、株式会社（設立・株式・新株予約権・機

関・計算・定款変更・事業譲渡・解散・清算など）、持株会社、社債、組織変更・合併・会社分割・株式交換・株式移転、外国会社などについて定めています。

民事訴訟法（Civil Procedure Law）は、私人間の争いが裁判になったときの手続き（民事裁判手続き）を定めた法です。

刑事訴訟法（Criminal Procedure Law）は、刑事裁判手続き、すなわち、刑法犯にどのように刑罰を科すかを定めた法です。

2.
法の有機的相互関係
（一つの事例が多くの法に関連している）

法の体系のところで分類列挙されたそれぞれの法は、相互に密接に関連しあっています。例えば、会社でセクシュアル・ハラスメント（性的な嫌がらせ）やパワー・ハラスメント（職務関連の嫌がらせ）が起きた場合、会社の関係部署や弁護士が対応しますが、皆さんも多くの法が関係している重大な問題であることを理解しておくことが必要です。

以下にハラスメントに関係する法を列挙します。

- 憲法（第14条：法の下の平等）
- 労働基準法（第89条：就業規則（一般的にハラスメント禁止条項を含む））
- 労働組合法（労働組合が組合員のためにハラスメント対応）
- 労働契約法（第5条：使用者の労働者の安全への配慮）
- 労働安全衛生法（第71条の2：事業主の快適な職場環境形成努力義務）
- 男女雇用機会均等法（第11条：会社は、就業環境が害されないよう、従業員の相談に応じ、必要な体制整備等の雇用管理上必要な措置を講じなければならない。そのほか、第17条、第18条、第29条、第30条、第33条にも関連条項あり）

第3章
ビジネス法

- 労働者災害補償保険法（ハラスメントによる鬱病等が労災認定される場合あり）
- 公益通報者保護法（ハラスメント通報者の保護）
- 労働審判法、個別労働関係紛争解決促進法（紛争解決規範）
- 民法（第167条：債務不履行責任の時効、第415条：債務不履行（会社には職場環境整備・配慮義務がある）、第709条：不法行為（被害者の人格権等を侵害）、第710条：財産以外の損害の賠償、第715条：使用者責任（会社は従業員の加害行為に責任を負う）、第723条：名誉棄損の原状回復、第724条：不法行為の時効）
- 一般社団法人財団法人法（第78条：代表者の損害賠償責任）
- 商法（会社法第330条・第335条：取締役の善管注意義務・忠実義務、会社法第350条：代表取締役の第三者への損害賠償責任）
- 民事訴訟法（ハラスメントの損害賠償請求などの民事裁判の手続を定める）
- 刑法（第174条：公然わいせつ罪、第176条：強制わいせつ罪、第177条：強姦罪、第178条：準強制わいせつ罪・準強姦罪、第179条：未遂罪、第204条：傷害罪、第208条：暴行罪、第222条：脅迫罪、第223条：強要罪、第230条：名誉棄損罪、第231条：侮辱罪）
- 軽犯罪法（第1条第23号：のぞき見禁止）
- ストーカー規制法（第3条：つきまとい等禁止、第13条：罰則）
- 都道府県・市区町村の条例（迷惑防止条例、セクハラ防止条例）
- 刑事訴訟法（ハラスメントの犯罪に対する刑罰を決めるための刑事裁判の手続を定める）

　以上のように、ハラスメントが起きると、六法とともに、労働基準法・男女雇用機会均等法・労働者災害補償保険法などの労働法にも関係し、同時に民事法や刑事法の様々な法に触れている可能性もあります。皆さんには、法的観点から鳥瞰図的・俯瞰図的に事象の全体像に客観的にアプローチする練習にもなるので、ハラスメントという切り口で関係する法の条文を一通り読んでみることをお勧めします。大変ですが是非一度挑戦してみてください。

3.
会社の各部署に関連する法

　会社には様々な部署があり、それぞれの部署で働く人々が留意すべき法は沢山あります。

　以下に、ものづくりを行う製造業の会社の各部署別に関連する法を列挙します。

図表-4 会社の各部署にて留意すべき法

機能部署	関連する法　　注:( )内は当該法に関係する業務・事象
経営・財務	会社法(会社の設立・運営、内部統制)、商法(取引全般)、手形・小切手法、商業登記法(役員変更登記)、金融商品取引法(内部統制、インサイダー取引、適時開示)、東証適時開示規則、民法(取引全般、取引先の債務不履行)、借地借家法(不動産賃貸借契約)、印紙税法(契約書作成)、登録免許税法(不動産売買、抵当権設定)、企業会計原則・計算書類規則・財務諸表規則(会計書類)、租税条約・法人税法・租税特別措置法(移転価格)・地方税法・消費税法・国税徴収法・国税通則法・有価証券取引税法、外為法(為替リスクヘッジ)、関税法、株式等保管振替法
人事・総務	労働基準法(就業規則、無償残業)、労働契約法、労働組合法(労働協約)、男女雇用機会均等法(採用、セクハラ)、職業能力開発促進法(国家委託資格試験)、労働安全衛生法(健康、安全)、労働者災害補償保険法、労働者派遣法(派遣と請負)、公益通報者保護法(内部告発・ヘルプライン)、個人情報保護法(顧客情報管理)、不正競争防止法(営業秘密)、不正アクセス防止法、食品衛生法(社員食堂)
知的財産	特許法・商標法(公表前の登録、技術導入・供与契約)、著作権法(設計、ソフトウェア開発)、国際出願法、不正競争防止法(機密)

調達	独占禁止法 (優越的地位の乱用)、下請法 (下請会社いじめ)、破産法・民事再生法・会社更生法 (仕入先からの債権回収)、道路運送車両法 (荷重積載)
製造・開発・技術	製造物責任法 (製品の設計・製造上の安全、取扱説明書・製品への危険・警告・注意記載)、工業標準化法 (JIS)、ISO規格・CEマーク・ANSI規格・OSHA規格、環境基本法、廃棄物処理法、リサイクル法、土壌汚染対策法・水質汚濁防止法 (不動産売買時の汚染有無調査)、工場立地法 (工場の緑地の確保)、建築基準法 (工場建設)
営業	独占禁止法 (価格カルテル)、景品表示法 (誇大広告、偽装)、消費者保護法、消費者契約法、外為法 (為替取引)、輸出貿易管理令・外国為替管理令 (輸出規制国、輸出規制品)、関税法 (輸出入)、破産法・民事再生法・会社更生法 (顧客からの債権回収)、不正競争防止法 (外国公務員贈賄)、国家公務員倫理法 (贈賄)、各国のアンチダンピング法・代理店保護法
紛争解決	民事訴訟法 (裁判手続)、仲裁法 (紛争解決方法設定)、裁判外紛争解決手続利用促進法:ADR法 (調停)

4.
会社をとりまく利害関係者に関連する法

　会社には、様々な利害関係者（ステークホルダー、Stakeholders）が存在しています。

　そして、ステークホルダーごとに様々な法が関係しています。以下の図は、皆さんにそのイメージをつかんでもらうためなので、列挙した法以外にも様々な法があります。

図表−5 各ステークホルダーに関連する法

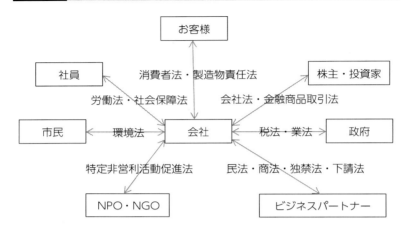

5. 会社の役員・従業員にとって重要な法

　会社の不祥事は、役員と従業員へのコンプライアンス教育によって防止・低減できます。各人がコンプライアンス（法令・企業倫理遵守）について理解を深め、リーガルマインドを身に付けると、不祥事を防止・低減できるのです。

（１）役員にとって重要な法

　役員とは、取締役・執行役員と監査役の総称です。そして、役員にとって重要な法の代表的なものが会社法です。会社法にて、取締役の責任・義務が規定され、そのほとんどが執行役員にも準用されます。取締役が法や規則に違反し会社に損害を与えると、株主代表訴訟を提起されたり、会社に対して損害賠償責任を負いますので、善管注意義務・忠実義務を果たしながら、経営判断の原則のもとに取締役会での意思決定を慎重に行うとともに、コンプライアンス（法令・企業倫理遵守）の徹底が必要です。

第3章
ビジネス法

（2）従業員にとって重要な法

　会社の従業員は、以下のようにコンプライアンス（法令・企業倫理遵守）の徹底が必要とされます。

- 会社との関係では、労働基準法などの労働法のほか、就業規則などの会社の規則を守ること。
- 会社の活動の関係では、開発、環境保全、調達、生産、営業、国際的活動、収益性向上などのテーマ毎に関係する法を守ること。
- 社会との関係では、広報、社会貢献、株主・投資家、官公庁に関係する法を守ること。
- 私的行為については、インサイダー取引、政治・宗教・組合、交通安全に関係する法や規則を守ること。

6.
困ったときの相談先

　会社には、様々な相談窓口があります。例えば、ハラスメントについては、人事部・総務部・法務部などの他、ヘルプラインなどの名称で匿名の電話やメールによる通報も受け付けるコンプライアンスのための特別な窓口を設置している会社が少なくありません。

　無償残業や不当解雇などの労働法に関する問題については、労働基準監督署などの相談窓口があります。

　悪徳商法に対しては、消費生活センターなどの窓口があります。

　法律の高度な専門知識が必要な案件については、法律専門家である弁護士、司法書士、税理士、行政書士などに相談すべきです。各都道府県市町村では、弁護士などによる無料法律相談を定期的に開催しています。

　以上のほか、困ったときの相談窓口は数えきれないほどありますので、簡単に諦めることなく、適切な人に相談しながら、適切な窓口を選択し有効に活用することが大切です。

7.
紛争解決(裁判＋ADR)

　ビジネスには紛争がつきものです。たとえ最初は良好な関係でビジネス契約を締結して取引を開始しても、月日の経過とともに事情が変わって、最初の契約が守られなかったり、事情変更による契約解除や契約改定を迫られたりすることも珍しくありません。

　紛争解決方法には、裁判のほかADRがあります。ADRとは、Alternative Dispute Resolutionの略称で、裁判外紛争解決手続（代替的紛争解決手続）のことです。ADRには、あっせん、調停、仲裁などがあります。あっせんと調停は似ていますが、中間に入ってくれる第三者（あっせん人・調停人）が案を示すかどうかの違いがあります。調停人は調停案を紛争当事者に提示します。また、国際取引契約では紛争解決方法として（国際的執行力などの理由から）仲裁を選択することが一般的ですが、国内ビジネスでも仲裁を利用することがあります。

　裁判とADRの違いは、裁判が黒か白かでいずれかの勝ち負けを一刀両断で判断しますが、ADRでは大岡越前の三方一両損のような柔軟な解決をもたらすことが可能なのでビジネスでは大変重要な紛争解決手段です。

図表−6　各種紛争解決方法のイメージ

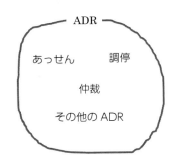

第 3 章
ビジネス法

コラム：『生きた法を学ぶために裁判の傍聴に行こう！』

　皆さんは未来の裁判官です。なぜなら、二十歳になると選挙人名簿に皆さんの名前が載り、裁判員裁判の裁判員の候補者となる可能性が発生するからです。

　社会で何が起こっているか、そして、それらが法によってどのように解決されているのかを皆さん自身の目で現物を現地で確かめ肌で雰囲気を感じることが大切です。その一つの方法が裁判所にて各種事件の公判を傍聴することです。

　以下に裁判の傍聴の手順を書きますので、是非一度、法廷に足を運んでみてください。

- 地方裁判所の位置を確認
- 裁判員裁判の傍聴を希望する場合は事前にインターネットなどで日時を確認
- 午前10時前、あるいは、午後1時前に到着
- 公共棚に傍聴用パンフレットがあれば参考資料として取得
- 1階ロビーで当日のスケジュール帳（民事と刑事あり）を閲覧し興味のある民事事件あるいは刑事事件の開廷時刻と法廷番号をメモする
    - 事件番号や被告（人）名もメモしておけば、後で判決結果を知りたいときに裁判所の総務課に電話すれば教えてくれます
    - 最初は分かり易い業務上横領などの刑事事件、次に損害賠償請求などの企業関係の民事事件の順で傍聴するのがいいでしょう
- 傍聴人用入り口（のぞき窓あり）から入室し空いている座席に座る（満席時の立ち見はできないので人気のある刑事事件は早めに着席）
- 裁判が始まったら裁判官の指示に従う（裁判官入退出時は起立して一礼がベター）

図表－7 法廷図

出典：裁判所のホームページ（http://www.courts.go.jp/）より

■参考文献等 ─────────────────────

　入門書としては、次の本を推薦します。
・尾崎哲夫著『はじめての六法（第5版）』（自由国民社）2013年
・齊藤　聡著『社会人のための法律入門』（産業能率大学出版部）2011年

　そして、一度は六法全書を手に取って様々な法の条文を読んでみることもお薦めします。
・『デイリー六法2015 平成27年版』（三省堂）2014年（注：毎年10月に翌年版発売）

　また、『日本経済新聞（日経）』には、毎日様々なビジネス法関連の話題が掲載され、特に月曜版には法務の特集ページもあるので、時にはコンビニで買うなどして読んでみてください。日頃新聞を読む習慣がなくても一度読んでみると意外と親しみがわいてきますよ。

　そのほか、以下のDVDもドラマを楽しみながら六法等の理解を深めることができますのでお薦めです。
・『特上カバチ』（TBS）2010年
（注：レンタルしておらず購入のみなので興味ある人は私の研究室に来てください。）

第4章   Strategy

経営戦略

要 約

　「戦略」(strategy)と言う言葉を、われわれは日常よく使うようになりまたが、その言葉のルーツは軍事用語に端を発しており、『広辞苑』によれば「各種の戦闘を総合し、戦争を全面的に運用する方法」としています。この言葉をビジネスの世界にはじめて導入したのはハーバード大学のアルフレッド・D・チャンドラーであり、1960年代初頭のことでした。チャンドラーは、アメリカ大企業の経営史研究を通して《組織は戦略に従う》(Structure follows strategy.) という有名な命題を抽出し、それまでのビジネス研究の領域にパラダイムチェンジをもたらしたのです。この命題のもつ大きな意義が行論のなかで次第に明らかになるように、本章の説明を進めて行きたいと思います。

1.
企業に対する2つの見方

　経営戦略は、ひとつの企業観のもとで成立しています。まずここから始めましょう。画家にとって富士山は永遠のテーマですが、静岡から見るか、箱根から見るか、甲府から見るかという観点の問題は、油絵で描くか、水彩で描くか、水墨で描くかという方法の問題よりもはるかに重要であると思われます。そこでまず、企業に対する2つの見方について説明しておきます。

(1) 生物学的アプローチ

　企業は生き物ではない。しかし、企業を生き物のように見る観点があります。単細胞生物から高度に進化した人間にいたるまで、およそ生物は環境から必要なものを吸収し、不要なものを環境に排出して生きています。これを生物の環境適応といいます。この環境適応サイクルが続く限り、生物個体は生きている。このサイクルが止まれば、それを死といいます。確かに石にはこのサイクルがないので無生物です。企業も確かに生物と同じように、経営環境から必要な経営資源を投入し、製品を産出して経営環境に返している。このサイクルが回る限り企業は維持され、成長していくのです。このサイクルが順調でないと経営危機に陥り、倒産にさえ至るのです。

　企業の生物学的アプローチでは、企業を4つの経営資源のシステムとみます。この場合、システムとは、いくつかの要素（システムモジュール）がひとつの目的のために統合したものであり、自動車は3万点の部品からなる走るためのマシンシステム、またわれわれの大学でいえば国際ビジネス学科は124単位で卒業できる教育システム（制度）です。企業の生物学的アプローチによる4つの経営資源とはヒト（men）・モノ（material）・カネ（money）・情報（information）すなわち3M1Iのことです。ここでいう情報とは特許、デザイン、ブランドのことですが、こ

れらの知的財産なしで今日の経営はできません。スマホはこれら情報の塊と言うこともできるでしょう。経営戦略とは、これら4つの経営資源を経営環境に適応するように資源配分（allocation）する意思決定（decision-making）のことをいうのです。

　ビジネスにおける意思決定とは、複数の代替案の中ならひとつを選んで、あとのすべてを棄てる行為です。富士登山には6つのルートがあります。いずれのルートも頂上に到達できるから正解ではあるが、われわれは複数の、いずれも正解の中からひとつを選択して行動せざるをえないのです。企業の資源配分の意思決定もまったく同じです。しかしながら企業活動の現場での意思決定者は、企業が現時点で持つ経営資源の有限性・希少性に直面しますし、また期限付きの動態に対応する即時性・タイミングが求められます。さらには企業のトップマネジメントの経営哲学、市場認識や市場予測にかかわる情報力などが反映されることになるでしょう。こうして、企業はある時点ではある種の《選択と集中》を余儀なくされるのであり、したがって企業ごとで経営戦略が違ってくるのです。この経営戦略の違いが、企業の収益に大きな格差を生み出すことになります。

　以上のとおり、生物学的アプローチでの企業経営とは、資源配分によって経営環境に適応し、企業を維持・成長させることなのです。

　ハーバード大学のビジネススクールでは、卒業後、企業で10年前後の経験がある大学院生が、将来企業のトップマネジメントになるために学んでいますが、ここでは資源配分にかかわる経営戦略論が、すべての大学院生に必須の「ビジネス原論」になっています。経営戦略はトップマネジメントのためのスキルといえるでしょう。

　経営戦略の結果を具体的に見ておきましょう。図表-1は、トヨタの世界戦略における資源配分を示しています。トヨタは、グローバル・ナンバーワンとして約60%の生産を世界の20カ国・27拠点に配置し、約40%を占める国内生産のうちの60%強を愛知県地域8拠点に、40%弱を九州や東北など8拠点に配置しています。これが世界企業トヨタの戦略的スタンスなのです。

図表－1　［ケーススタディ］トヨタの資源配分と国内・海外市場対応（2010年）

資源配分（生産能力/万台）		地域	組立工場	生産能力（万台/年）	稼働率（%）	生産車種など
国内 359 (41%)	東海地域 228 (64%)	日本	元町	12	68	クラウン，マークX，エスティマなど大中型車。
			高岡	39	68	カローラ，ヴィッツなど小型大衆車。
			堤	40	93	ハイブリッド車プリウスの主力工場，他にカムリ，プレミオなど。
			田原	55	58	高級車レクサスの生産拠点，他にRAV4，ウィッシュ，ランドクルーザーなど。
			トヨタ車体・富士松	27	119	ハイブリッド車プリウスの第2生産拠点，他にエスティマ，イプサムなど。
			トヨタ車体・いなべ	20	94	小型トラック車ハイエース，アルファードなど。
			豊田自動織・長草	28	103	ヴィッツ，RAV4など。
			岐阜車体	7	82	小型トラック車ハイエース。
	九州東北など 131 (36%)		トヨタ自動車九州	36	79	高級車レクサスの量販モデルの生産拠点。
			トヨタ車体・吉原	15	65	SUV車ランドクルーザー。
			関東自動車・東富士	20	57	センチュリー，フィールダーなど。
			関東自動車・岩手	26	77	ブレイド，オーリスなど小型車。
			日野自動車・羽村	12	104	小型トラック車ダイナ，プラドなど。
			ダイハツ工業・本社京都，大分	22	99	サクシード，シエンタ，パッソ。
海外 516 (59%)		北米	ケンタッキー	50	82	ベストセラー車カムリの量産工場。
			インディアナ	30	70	大型SUV車セコイア，大型SUVハイランダー，ミニバン・シエナ。
			テキサス	20	51	大型ピックアップ車タンドラの専用工場⇒小型ピックアップ車タコマ。
			カリフォルニア・NUMMI	40	－	GM破綻で合弁解消，閉鎖（カローラをカナダ工場，タコマをテキサス工場へ移管）。
			インディアナ・SAI	10	90	富士重工との合弁，カムリを委託生産。
			カナダ	42	96	量販車カローラの生産拠点，他にRAV4，レクサスRXなど。
		中南米	メキシコ	5	108	小型ピックアップ車タコマ。
			ブラジル	7	94	カローラ。
		ヨーロッパ	イギリス	29	49	アベンシス，オーリス。
			フランス	27	77	ヤリス。
			トルコ	15	52	カローラヴァーゾ，オーリス。
			チェコ	10	117	アイゴ。
			ロシア	5	30	カムリ。
		中国	天津	42	125	ヴィオス，カローラ。
			広州	36	75	カムリ，ヤリス，ハイランダー。
			四川	3	－	コースター，ランドクルーザーなど。
			長春	1	－	ランドクルーザー。
		アジア	台湾	16	66	カムリ，カローラなど。
			タイ	55	110	カローラ，カムリなど。
			インド	8	94	カローラ，イノーバなど。
			パキスタン	5	90	カローラ，ハイラックス。
			インドネシア	11	224	イノーバ，フォーチュナーなど。
			マレーシア	7	86	ハイエース，ヴィオス，イノーバなど。
			ベトナム	2	135	カムリ，カローラ，イノーバなど。
			フィリピン	3	96	イノーバ，ヴィオスなど。
		オセアニア	オーストラリア	15	82	カムリ。
		アフリカ	南アフリカ	22	55	カローラ，ハイエース，ハイラックス。

（出所）「週刊東洋経済」2010年6月26日号　36-37頁より筆者作成

（2）CSRアプローチ

CSRとはCorporate Social Responsibility　の略号であり、ふつう「企業の社会的責任」と邦訳されています。しかし、これは単に企業の地域社会・地球環境に対する責任のことではありません。CSRアプローチでは、企業を5つのステークホルダー（利害関係者）のシステムと見ます。企業にはギブ・アンド・テイクの関係で結びついた5つの社会集団があり、株主とは投資と配当支払いの関係、従業員とは労働の提供と賃金支払いの関係、取引先とは資材の提供と代金支払いの関係、顧客とは製品の販売と代金支払いの関係、さらに地域社会・地球環境とは貢献と認知の関係で、それぞれが企業と結びついていると捉えるのです。最後の地域社会・地球環境の場合だけはそうではないが、さきの4つの経営資源はみなカネの関係を通して内部化され、また外部化されるのです。こうして、株主と企業の間には金融市場、従業員との間には労働市場、原材料との間には素材市場、顧客との間には製品市場という市場関係が成立しているといえるのです。

ところで、5つのステークホルダーの関係は相互にバッティングしないでしょうか。従業員の給料を上げると、ある場合には、設備拡充や配当の抑制、製品の値上げに影響することもある。製品を安く売るために安い資材を求めたいが、取引先はそれに応じてくれない。つまりCSRアプローチでの企業経営とは、5つの利害関係を多角的に調整し、すべてのステークホルダーに満足を与え、企業の活力を引き出すことなのです。

図表-2のとおり、ふたつのアプローチにより企業は違って見え、またその経営管理の意味・内容も違って見えてくるのです。

図表-2　企業とは何か、経営管理とは何か。―2つの見方

企業の見方	企業システム	企業システムの構成要素	経営管理とは？
生物学的アプローチ	4つの経営資源	ヒト、モノ、カネ、情報	資源配分
CSRアプローチ	5つのステークホルダー	株主、従業員、取引先、顧客、地域社会・地球環境	利害調整

2.
階層制組織の中の経営戦略の位置

　経営戦略は、上述の２つの企業観のうち企業の生物学的アプローチの方とかかわり、この見方にとってのキーワードなのです。そこでまず、ふつうトップマネジメント・ミドルマネジメント・ローワーマネジメントの３階層からなる企業の本社機構における経営戦略の位置について見ておきたいと思います。

　企業は、ふつう多くのオペレーションの単位（現場活動単位）から成り立っています。この場合、工場には工場長、営業所には営業所長、支社には支社長などの管理者がいます。ローワーマネジメントは、このような現場活動単位の管理者のことです。ローワーマネジメントは、担当する現場活動単位について日単位での日常的、定常的、業務的な「統制（control）的意思決定」を行います。

　ミドルマネジメントは、これら多くのローワーマネジメントの活動を調整して、彼らを互いに連係プレーに置くために、短期的（ビジネスでは１年以内のこと）、戦術的(配分されたものを運用すること)な、全社レベルの「調整（coordination）的意思決定」を行います。本社の部長がこれに相当しますが、このミドルマネジメントである部長の形成原理によって、企業の階層制組織は２つに分かれます。

　製造部、営業部、購買部、研究開発部などミドルマネジメントが機能機能別組織、またＡ製品事業部、Ｂ製品事業部、Ｃ製品事業部…などとミドルマネジメントが製品ごとに形成される組織は事業部制組織とよばれています。

　以上のミドルマネジメントとローワーマネジメントがあれば、企業は短期的、日常的には運営して行けます。ミドルマネジメントとローワーマネジメントの仕事は、配分された経営資源の運用にかかわる意思決定を行うのです。

　その上に立つトップマネジメントは、会社役員として資源配分そのも

のが仕事です。ヒト・モノ・カネ・情報の資源配分という、企業にとっての長期的（1年以上5年以内のこと）で、非日常的、非定常的、非業務的・非戦術的な「戦略(strategy)的意思決定」を行います。もちろん5年を越える超長期の予測も行います。

　図表－3のように、3重層からなる意思決定の仕組みである企業の本社機構は、ある種の情報処理装置、ヒトで構成されたコンピュータと見ることができるでしょう。トップマネジメントは、その入力装置の位置にあり、トップマネジメントが創り出す入力コンテンツ、つまり経営戦略は企業の生命を決定付けるとさえいえるのです。

図表－3　　階層制組織と意思決定

階層レベル	意思決定の内容	意思決定の性格
トップマネジメント	資源配分	長期的、戦略的
ミドルマネジメント	調整	短期的、戦術的
ローワーマネジメント	統制	日常的、定常的、業務的

　つぎに、経営戦略のさまざまな策定方法を考察してみましょう。

3.
プロダクト・ライフサイクルと経営戦略

　すべての製品にはライフサイクルがある、という考え方も生物学的アプローチであるといえます。すべての生物には寿命があり、われわれに幼児期・成長期・成熟期・老衰期があるように、考えてみれば、図表－4のとおりすべての製品にも寿命があり生成期・成長期・成熟期・衰退期があります。このプロダクト・ライフサイクルにしたがって経営戦略を変えていかなければならないと言う理論があります。

　製品のライフサイクルのうち生成期は、新製品が開発されて販売された頃のことで、まだ一部のマニア需要に依存してほそぼそとビジネスが

立ち上がるのであり、新製品自体がまだ未成熟であり、日々企業はいくつもの改良をつけ加えて行かなければなりません。この期には、資源配分をR&D(研究開発)部門に集中する研究開発戦略がとられ、各社で研究開発競争が展開されるのです。

　成長期は、ついに革命的な実用製品が登場すると、まだ持ってはいない、初めて持つ顧客の新規需要に依拠して、製品の売り上げはあたかも倍倍ゲームにように飛躍的に成長して行きます。作ったら売れるこの時期には、大胆な先行投資をしていち早く大量生産・大量販売体制を構築し、その規模の経済によるコスト競争力が成長の決め手になります。このため企業の資源配分は、生産設備と販売チャネルの拡充に集中し、規模拡大戦略がとられ、各社の規模拡大競争が展開されることになります。

　つぎに、すべての製品は新規需要が一巡すると、それ以後は買替え需要に依存する成熟期を迎えることになります。ここからはすでに持っている顧客に売らなければならないという、企業にとってとてもやりにくい局面に入り込むことになるのです。企業にとっては、自社の製品の顧客に接近するマーケティング活動が死活的なテーマになるのです。買い替市場では、日々バージョンアップ競争、モデルチェンジ競争に対応していかなければなりません。製品差別化によってのみ顧客に訴求できる

図表-4　プロダクト・ライフサイクル

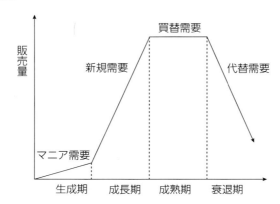

のであり、企業にとっては製品の多様化（ひとつの製品のヴァリエーションのこと）のために、特許・デザイン・ブランドを駆使することが決定的な役割を持つようになるのです。例えば、3,000円のTシャツの生地素材は150円といいます。販売価格と素材費の差額2,850円の相当な部分をデザイン料が占めているということを思うべきです。われわれは、おしゃれなロゴマークが付いていれば、3,000円でも安いと思う。われわれはモノを消費していると思う。だが大部分は情報を消費しているのではないでしょうか。今日は製品の消費生活においても、このように情報社会なのです。女性のファッションだけでなく、すべての工業製品も現代社会ではファッション製品になっているのです。

なお、マーケティング活動は、今日4Pすなわち製品（product）、価格(price)、販売経路(place)、促進(promotion)の4つの領域をもつようになりました。

最後に、代替製品が登場するとすべての製品は衰退期を迎えます。例えば、スマホが登場するとガラケイはもう売れない。販売は激減する。この時、企業が継続的事業体として生きていこうとすれば、製品の多角化（いくつかの製品を付け加えること）を目指し、これまでの資源配分を変えて新製品に投入し、既存製品からは徐々に撤退することも考えなければならないでしょう。

このように企業は、プロダクト・ライフサイクルにしたがってその資源配分の重点を研究開発→生産・販売→マーケティング→多角化・異業種転換というコースの順序で変えて行かなければならないのです。これは、経営戦略のもっともベーシック考え方です。

4.
製品多様化・多角化と経営戦略
—プロダクト・ポートフォリオ・マネジメント—

　前述のとおり、プロダクト・ライフサイクルを前提とする限り、企業の発展とともに製品の多様化、多角化を避けては通れないのです。こうして時間がすすむとともに企業は次第にプロダクト・ライフサイクルの異なる多くの商品群を抱えることになります。例えば総合電機会社のアメリカのGEは、1960年代に約150の製品群と49の製品事業部を持つようになりました。東芝は1970年に約70の製品群と21の製品事業部を持っていました。この場合、製品事業部とは、①製品開発と製造、②販売とマーケティング、③経理と収益、というその製品についての3つの責任を持つ半自立的な経営単位です。企業の中の企業と言えるかもしれません。しかし、このように多くなった製品群、製品事業部群、半自立的な経営単位に対していかに資源配分すればいいのでしょうか。

　企業内での資源配分の問題は、伝統的には1920年にはじまるアメリカのGMが開発したROI（資本収益率）という管理会計学の手法によって行われてきました。資本収益率の高い製品事業部に資金を移動して、企業全体の収益を高める方法です。しかしながらGMの場合は、シボレー、ポンティアック、オールズモビル、ビュイック、キャデラックの5つの自動車事業部という狭い範囲のことでした。また、当時自動車はみな右肩上がりの成長期にありました。さきに述べたような戦後の企業が抱え込んだ数多くの製品群、製品事業部群をめぐる複雑な配分の課題と比べることはできないのです。

　1970年代に入って、この複雑な資源配分問題について新しい手法がボストン・コンサルティング・グループによって開発されました。プロダクト・ポートフォリオ・マネジメント（PPM：Product Portfolio Management）と呼ばれる手法です。PPMは図表－5のとおり、横軸に自社のマーケットシェアの大小をとり市場における自社の存在感を示

し、縦軸に市場成長率の高低をとり市場の魅力度を捉えます。そして両者の組み合わせによって、自社の多数の商品群をそれぞれ4つのセルに分類し、それぞれの分類を①花形商品、②金のなる木、③問題児、④負け犬、とネーミングして資源配分の仕方を変えることを提唱したのです。

図表－5　プロダクト・ポートフォリオ・マネジメント

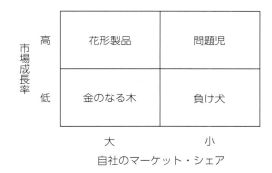

①花形商品：市場成長率が高く、自社のシェアが高い製品です。成長期の製品であり、自社の地位を維持する投資を続けるべきである。
②金のなる木：市場成長率が低いが、自社のシェアが高い製品です。追加投資はもう必要でない。自社のキャッシュフローの源泉として位置づけるべきである。
③問題児：市場成長率が高いが、自社のシェアが低い製品です。将来に向けて積極的な投資を行うべきである。これに自社の将来が懸かっている。
④負け犬：市場成長率が低く、自社のシェアが低い製品です。早期撤退すべきである。

このようなPPM手法は、手持ちの資金から最大の収益を確保することを目指しています。短期的な視点での資源配分です。しかし転換期にある今日では、長期的な企業維持・成長を考えるともっと大胆な資源配分もあり得るのではないでしょうか。

5.
5つの競争要因と経営戦略
―ビジネスモデル―

　ハーバード大学のマイケル・ポーターは、それぞれの企業は5つの方向からの競争にさらされていると言い、この5つの競争要因に複眼的に対応することによって企業を維持し成長できるのだと考えました。図表－6は、ポーターの企業の収益を決める5つの競争要因を示していますが、この場合、企業は、新規参入者、代替品という2つの脅威、取引先、顧客という2つの交渉力、それに自社と業界内のライバル企業群との競合関係、に直面していることになります。各企業は、これら5つの競争要因それぞれを複眼的に克服しようとして自社に独自のビジネスモデル（収益を上げる仕組み）を構築してきている、といえるのです。

図表－6　5つの競争要因

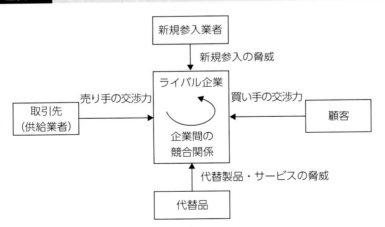

　代替品の脅威には、多角化で対応しなければ、自社の市場は徐々に縮小して行き、経営危機を招くでしょう。
　取引先との交渉力のためには、企業は後方的垂直統合に向かうでしょ

う。自動車メーカーは部品の内製を選択することになります。例えば
GMの部品の内製率は70%、トヨタは30%と言われたことがありました。
GMの後方的垂直統合は、トヨタに比べて高度であり、これがGMの強
さと考えられたこともありました。しかし今日トヨタは、部品メーカー
と系列取引(継続的・専属的相対取引)で結びつき、このような準後方
的垂直統合でむしろ変動する経営環境に対応するフレキシブルな能力を
持っていると見られるようになりました。

　顧客との交渉力のためには、企業は前方的垂直統合に向かうでしょう。
例えばユニクロは、アパレルメーカーではあるが問屋・卸売り店をバイ
パスして、専属直営小売店をチェーン展開し、他のアパレルメーカーを
圧倒する競争力をもつSPAビジネスモデルを構築しています。セブン
イレブンは、加盟店をフランチャイズ契約で専属化し、圧倒的なチェー
ン店展開力で成長しています。コンビニは、伝統的な小売店と比べると、
卸売り店が小売店を前方的垂直統合したビジネスモデルと言えるでしょ
う。

　また、これらの多面的なビジネスモデル構築の結果として生まれる競
争優位によって、徐々に新規参入の脅威も取り除かれていくと考えられ
るでしょう。それはビジネスモデル構築の結果そして生まれる規模の経
済によって、①新規参入のための必要資本が巨額になり、また②もし新
規参入しても、パーセンテージ効果が発現してビジネスにならないから
だ、と考えられています。もちろん既存企業のもつブランド力、サービ
ス力なども新規参入の障壁になることは言うまでもありません。

　企業はこのように、直面する複数の競争要因に対処するために資源配
分を絶えず変えて行かねばならず、こうしてさまざまなビジネスモデル
が成立することになるのです。

　つぎに5つの要因のうち、まだ取り上げていない最後の業界内競争に
ついて、節を改めて説明しましょう。

6.
業界内競争と経営戦略
—ポジショニング—

　企業の短期的な収益にとって最も重要なのは、自社のライバル企業群との業界内競争力であるといえます。この立場から見た資源配分のあり方は、ライバル企業群の出方を読みつつ慎重に意思決定していくことになります。いわゆる業界内でのポジショニングの課題です。

　ポジショニングをめぐる経営戦略によって、同じポーターによれば、3のビジネスモデルが成立すると言われています。

①コスト・リーダーシップ戦略は、低コストでシェアや利益率を上げる経営戦略であり、大規模製造設備や大規模販売チャネルで規模の経済を追及し、垂直統合でサプライチェーンを自社に内部化しようとします。しかしながら、製品の成長期には他社に模倣されるリスクがあり、また内部化は技術の変化、市場環境の変化にはフレキシブルに対応できない弱みをもっています。

②差別化戦略は、製品の差別化で、顧客に高付加価値を提供し、高価格を実現する経営戦略であり、特許を活用したこれまでの製品の高度化、デザインやブランドを重視したこれまでの製品のファッション化を追求し、4つの経営資源のうちの情報への資源配分に力点を移して行きます。しかしながら、ここでも模倣によってよく似た製品を作るフォロワー（二番手企業）が登場するリスクは避けがたく、また顧客の製品認知には相当のマーケティング努力を要し、さらに製品が総じて短命化して絶えざる変化にさらされることになります。

③集中戦略は、顧客・市場を絞り込み、経営資源を集中することによって低コスト化ないし差別化を図る経営戦略であり、特定の顧客、特定の製品、特定の地域、特定の流通チャネルなどのひとつがターゲットとされます。大手企業が支配する業界でも必ずそのような特定の隙間は残っているのであり、それを発見したニッチ企業が成立

するのです。

　さきに述べたプロダクト・ライフサイクルからいえば、まずコスト・リーダーシップ戦略、つぎに差別化戦略と集中戦略が登場すると言えるでしょう。またこのような3つの経営戦略は、ほとんどの業界において、その棲み分け構造として同時並存しているものです。

7.
経験曲線と経営戦略
―ケイパビリティ―

　これも生物学的アプローチのひとつですが、生物とは自ら環境に働きかけて、ある場合には、環境を変革する能動的な主体でもあるのです。この観点から企業を見ることも重要です。

　企業では、累積生産量が倍になると、規模の経済、学習効果、技術革新などによって起こるシナジー（相乗効果）によって、総費用は20%から30%減少するという経験曲線が確認されています。つまり経験の蓄積とともに、また時間の経過とともに企業内部には、ある種の能力（ケイパビリティ）が生まれ、したがって経営資源にゆとり（余剰）が出来てくるものなのです。こうして生まれた組織能力の積極的な活用、これを

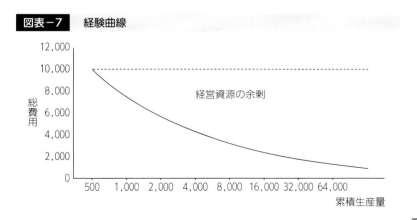

図表−7　経験曲線

基軸にした新展開は、今日の経営戦略の重要なテーマとなっています。

継続的事業体としての企業が蓄積した組織能力（organizational capabilities）によるつぎのステップ（内部発展）は、しかしながら「経路依存性」（path dependence）によって運命付けられていると言わなければならないでしょう。企業は、自由につぎの事業に進めるわけではないのです。過去のプロセスの影響を背負いつつ次に進むものです。また組織能力ばりでなく、企業のトップマネジメントが抱く経営環境への認識、市場の将来ビジョンによっても影響を受けるはずです。

このような組織能力を考慮し、さらに転換時に組織内部に起こりうるコンフリクトをも踏まえて、1979 年にイゴール・アンゾフは、チャンドラー命題とは全く反対の《戦略は組織に従う》という新命題を提起することになったのです。市場や技術の変化に対応する受動的な企業観ではなく、より主体的な企業観と言えるでしょう。

今日の転換期の閉塞感の中で、企業の内部資源に関心を集中したリソース・ベース・ビューが注目されるようになりました。変化を求めるこのような時代にあっては、もっともっと創造的な、大胆な資源配分のデザインがあるのかもしれないのです。

8.
経営戦略と意思決定

本章をまとめておきましょう。

ビジネス（経営学）は、あくまでもアクションの学問です。アクションの対象は何か、その対象に対してどのようなテーマを持つのか、そのテーマにどのようなプランで対応したいのか、というアクションを前提とした意思決定者としての主体的な立場に立つことが、ビジネスの学習者には強く求められているのではないか、と思います。

資源配分にかかわる経営戦略は、企業そのもののデザインともいえま

す。デザインには夢が伴う。しかしビジネスの夢は、現実に立脚したもの、ないし少なくとも将来訪れる現実に立脚できるものでなれればならないでしょう。市場での競争が容赦なくその夢を評価してくれるからです。

　だから経営戦略をめぐる意思決定は企業の運命を決めるともいえます。今川軍3万が間もなく桶狭間に差しかかる。信長は3000の軍勢でどう対応するのか。完全情報のない世界で、期間を切った、希少性の中での選択には予定された正解などはないのです。ビジネスの学習者には、そのような具体的な現場感覚と当事者意識のリアリティーが強く求められている、と思うのです。

■参考文献

Chandler Jr.,A.D., Strategy and Structure,The MIT Press,1962.(有賀裕子訳『組織は戦略に従う』ダイヤモンド社、2004年)

Poter,M.E.,Competitive Strategy,Free Press,1980.（土岐坤・中辻萬治・服部照夫訳『競争の戦略』ダイヤモンド社、1983年)

Poter,M.E.,Competitive Advantage,Free Press,1985.(土岐坤・中辻萬治・小野寺武夫訳『競争優位の戦略』ダイヤモンド社、1983年)

Poter,M.E.,On Competition,Harverd Business School Publishing,1998.（竹内弘高訳『競争戦略』ダイヤモンド社、1999年)

以上の4著作は、ハーバード大学ビジネス・スクール（経営大学院）の基本的な考え方を示すものです。今日の経営戦略論の最もベーシックな立場を提起しています。

また最近のわが国のものでは、つぎの3点を紹介しておきます。

河合忠彦『ダイナミック戦略論』有斐閣、2004年

岸川善光『経営戦略論』同文館出版、2006年

寺前俊孝「経営戦略の考え方」、今井斉・岸川典昭・宮崎信二編『経営から視る現代社会』文眞堂、2014年

さらに、実際の企業について、その経営戦略の成功例や失敗例を考察したケーススタディーにすすんでください。

東北大学経営グループ『ケースに学ぶ経営学』有斐閣、2008年

安倍悦生・山口一臣『ケースブック アメリカ経営史』有斐閣、2002年

伊丹敬之・宮本又郎『ケースブック 日本的経営の生成と発展』有斐閣、1998年

第5章   Organization

経営組織

要 約

　経営組織とは、経営目的達成に向けての分業と協力の枠組みです。分業には職務で分ける水平的分業と、職位で分ける垂直的分業があり、協力するルール作りの原則となるのが官僚制です。組織構造の代表的な形は、機能別組織と事業別組織であり、どの構造でも、ビジネスの中心的仕事を受け持つライン部門とサポート的仕事を受け持つスタッフ部門とがあるのが普通です。組織にはまた、それぞれ特有の雰囲気つまり組織文化が形成されており、それが組織としての働きに影響します。働く上で生じるコンフリクト、人が働くためのモチベーション、人を動かすためのリーダーシップも、組織を運営して行く中での重要なポイントです。他方、組織と組織との関係も考えておかねばなりません。企業の間には株式保有による資本関係、提携契約による協力関係、そして通常のビジネス関係があります。グローバリゼーションの現代では、主役である多国籍企業における親企業と子企業との関係をどのように維持するか、大きな問題になっています。中央集権型・地方分権型・管理調整型の3つから抜け出たネットワーク型が、今後の展望の土台となると思われます。

1.
組織とは

　ビジネスの何から何まで自分だけでこなすケースは、もちろんあり得ます。しかし1人で出来る範囲には自ずから限界があって、多少とも規模が大きかったり内容が複雑だったりすれば、とても自分だけでは手が回りません。目的を達成するには、誰か協力してくれる人が必要です。協力する人たちが一緒に取り組むとなると、みんながバラバラに仕事していては効率が悪いので、彼はあれ彼女はこれと整理した、役割を分担することになります。分業（division of labor）です。組織とはこの、共通の目的に向け、分業して、協力する枠組みです。事業体を経営するためのそうした枠組みが経営組織です。

　分業にはタテの分業とヨコの分業があります。学校のクラブにも、部長やシニア部員や新入部員の区別がありますね。会社には社長や課長やヒラといった区別があります。平たく言えばエラサ（権限の大きさ）による分業で、これがタテの、言い換えれば垂直的分業です。全員がリーダーみたいなことを言っていて細かい作業をする者が居ないのは困りますし、細かい作業をする者ばかりで全体をまとめる人が居なくては活動が進みません。またクラブには会計班とか渉外班とか用具班とかの受け持ちがあるでしょう。会社には製造部や営業部や人事部などがあります。仕事の性質による分業で、これがヨコの、言い換えれば水平的分業です。分業は普通、ヨコの分業を指しますが、タテの方も立派な分業です。

　タテ方向に分業する時に考えなければいけないのは、1人のリーダーが何人までのフォロワーをリード出来るかという点です。5人10人のクラブならキャプテン1人でまとめられますけれども、50人100人となったら1人ではとても無理で、何人かのサブキャプテンを置かないわけに行きません。大概は会計班・渉外班・用具班の班長たちが、その役割を果たします。1人のリーダーがコントロール出来る範囲を、統制幅（span of control）と言います。一般にスパン・オヴ・コントロールは1桁の

人数とされています。仕事の中身によるものの、フォロワーが増えれば
リーダーも増やさざるを得ず、リーダーが増えればそのまたリーダーが
必要になり、事業のサイズが大きくなると、リーダーの層が何重にもな
ります。会社では通常、ヒラたちの上に係長、係長たちの上に課長、課
長たちの上に部長といった具合に、階層制（hierarchy）が敷かれてい
ます。係より下には班、部より上には本部などの単位もあり得ます。

　以上を図に描けば、図表1のようになります。規模が大きくなり内容
が複雑になるに従って、ハコが垂直・水平の両方向に増えて行き、ピラ
ミッドが膨らみます。

図表－1　　分業の形

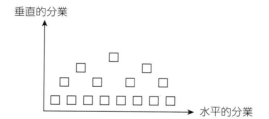

　ハコは全体の仕事を区分けした分業単位です。1つ1つの分業単位が
協力して共通の目的を達成するには、誰もがわかるルールをハッキリ決
めておくのが1番です。ルール作りの原則は、
1) 誰がどの仕事をするのかが明確なこと
　　（水平的分業の範囲を規定する）
2) 誰が誰の指示を受けるかが明確なこと
　　（垂直的分業の系統を規定する）
3) 仕事は規則に従って行うこと
　　（人間関係などによる恣意性を排除する）
4) 仕事は文書に基づいて行うこと（証拠となる記録を保存する）
などです。この基本的な原則を官僚制（bureaucracy）と呼びます。官
僚制と聞くと私たちはすぐに、「形式ばっかり」とか「融通が利かない」

とか、ネガテブな感じを抱き勝ちです。しかし、官僚制自体は決してそのようなものではなく、1）から4）に見られるとおり、ニュートラルな考え方です[1]。程度の違いはあっても、会社に限らず殆どの事業体が、この考えに従ってそれぞれのルールを作り、組織を円滑に動かそうとしています。

2. 組織構造

では、ハコがどのように作られるかを見てみましょう。分業するには、何を基準に分けるかが問題です。基本的なタイプは2つあります。

（1）機能別組織

1つのタイプは、開発・製造・販売・人事・経理など、果たす機能を基準にして分ける分業組織です。図表2のような形です。学校のクラブで部長の下に会計班や渉外班や用具班があるのと同じだから、理解しやすいですね。これは比較的に小さい会社でよく見られるタイプです。

このタイプの長所は、その部署で働く人はその機能の専門家になる、他の部署との重複がない、仕事量が増えても対応できる、などです。反対に短所は、会社の業績にどの部署がどれだけ貢献しているかが不明確、トップが部署間の調整をせざるを得ず全社的な戦略を考える余裕がない、人は自分の部署の仕事に専念するため広い視野の人材が育ちにくい、などです。

図表－2　機能的組織

（2）事業別組織

もう1つの基本タイプは、扱う事業を基準に分ける分業組織です[2]。図表3のような形です。これは比較的に大きい会社でよく見られるタイプです[3]。

図表－3 事業別組織

このタイプの長所は、どの事業がどれだけの業績を挙げたかが明瞭、事業がそれぞれ完結しているためトップは調整する必要がなく全社的な戦略を考える余裕がある、事業部にいろいろな機能があるので広い視野の人材が育ちやすい、などです。反対に短所は、その事業部の短期的な利害を重視して全社的な利害がおろそかになる、諸機能が各事業部で重複するムダがある、などです。

（3）マトリクス組織

上の2つの基本タイプを組み合わせた分業組織です。機能と事業をタテヨコに組んだ、図表4のような形です[4]。これは複雑で変化の激しい環境に向くタイプと言われます。

図表－4 マトリクス組織

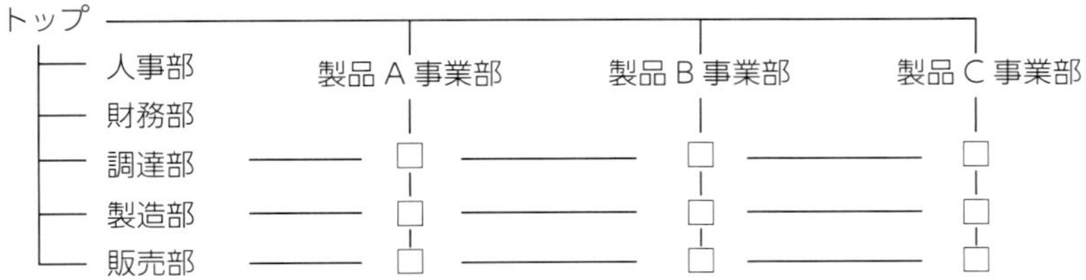

このタイプは、機能別組織と事業別組織の「いいとこ取り」をするのが目的です。しかし、働く人にとっては指示命令が2方向から来るのでやりにくく、実際に動かすのはなかなか難しい組織です。

組織として全体をハードに固定するとうまく行かないのですが、部分的にソフトに運用すると、この考え方は効果を挙げることがあります。それがプロジェクトチーム（project team）制です。ある製品なら製品のプロジェクトのためだけに、各機能部門から必要メンバーを引き抜いてチームを編成して取り組ませる方式です。メンバーはその期間中だけは製品事業部門の指示命令で働き、終了したら元の機能部門に戻るのです。これなら2方向から同時に指示命令は来ないわけです。

（4）ラインとスタッフ

組織構造のタイプは以上のとおりですけれども、組織が話題の時によく耳にする、ライン（line）とスタッフ（staff）について触れておきましょう[5]。

どの会社にも、そのビジネスの中心となる仕事があります。メーカーで言えば、調達・製造・販売などです。原料を仕入れて、製品を作って、それを売る、そういった仕事ですね。それを担当する部署をライン部門と言います。一方、それらの部署の活動をサポートする仕事も必ずあります。企画・財務・人事などです。会社としての計画を立て、カネを手当てし、ヒトを配置する、そういった仕事です。それらを担当する部署をスタッフ部門と言います。

また会社にはトップからヒラまで、垂直方向の分業に沿った命令の連鎖（chain of command）があります。上司から命令を受けて働き、部下に命令を与えて働かせる、その命令のリレーのつながりです。多くはこの連鎖の上で働く職員ですが、中には連鎖の上に乗らず、サイドから上司に対するアドバイス的な仕事をする職員もいます。審議役とか調査役とか代理とかの肩書が、こうした職員にはつけられています。命令の連鎖に乗って働くのがライン職員、アドバイス的な仕事をするのがスタッフ職員です。

従って、ライン部門にスタッフ職員が居ることはありますし、スタッフ部門でも多くはライン職員ということになります。図表7のような形です。

図表-7 ラインとスタッフ

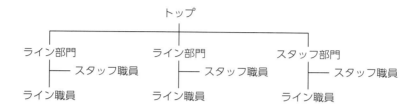

　企業は何をどうしたいという戦略に基づいて、その目的達成に適した組織を作ってビジネスに取り組みます。まず戦略があり、組織はそれに役立つように決まることを、「組織は戦略に従う（Structure follows strategy.）」と表現します[6]。同じ企業でも、戦略が変われば組織もそれなりに変える必要があるわけです。

　どの事業体でも、普通は組織の構造を図表2や図表3のような組織図（organization chart）で示しています。会社のカタチを知るには、それを見るのが手っ取り早いでしょう。

3. 組織文化

　組織構造は目に見えるカタチ、言わば組織のハードな面です。組織にはまた、目に見えない言わばソフトな面があり、それが組織文化（corporate culture）です。

　文化とは「その集団に特有な習慣」ほどのもので、組織文化とは「その組織に特有な習慣」です。組織体質とか組織風土とも言い換えられま

す。会社の風土が社風、学校の風土が校風、家の風土が家風です。会社なり学校なり家なり、そこでは何となくそうすることになっている、雰囲気みたいなものがあります。規則のように何かに書いてあるわけではないのに、メンバーは無意識のうちにそうしてしまう、そうさせるのが組織文化です。組織で働く人は、目に見える組織構造にだけ従って動くのではありません。目に見えない組織文化にも沿って動いているのです。

「何となくそうすることになる」「無意識にそうしてしまう」のは、メンバーに共通するやり方があるからです。なぜやり方が共通するかと言えば、共通する考え方の傾向があるからです。なぜ考え方の共通する傾向があるかと言えば、共通する価値観があるからです。組織文化は図表8のように、これらが層になって形成されています。

図表－8 組織文化の層

共通する行動様式の傾向
共通する思考様式の傾向
共通する価値観の傾向

組織において組織文化が果たす役割は、その組織への帰属意識の強化、コミュニケーションコストの節約、判断基準の提供などです。価値観が共通なら、同じ価値観の下で働く者同士の連帯感一体感が強くなります。思考様式が共通なら、意思を通じ合わせるのに1から10まで説明しなくても済みます。行動様式が共通なら、どう動けばよいかという判断がすぐにつきます。

そうした組織文化は、自然に発生するものではありません。会社が時間をかけて作り上げるものです。作り上げる方法はいくつかあります。第1は採用です。新卒でも中途でも、会社は望ましい人材を選んで採用します。銀行はダラシない感じの人を採らないでしょうし、ベンチャー企業は四角四面のカタイ人を採らないでしょう。社風に馴染みやすいタイプ

第5章
経営組織

を選ぶのです。第2は教育です。創業者のエピソードや社内で出世した人の成功ストーリーを繰り返し聞かせて、その会社で望まれる社員像を刷り込み、社風の担い手を作り上げます。第3は形式です。デスクの大きさや配置を職階順にしたり、服装を統制したり、肩書きでなく全員をサンづけで呼ばせたりして、その会社が何を尊重するかを形で示し続けます。これらによってメンバーは「らしく」なり、組織文化が形作られます。

　組織文化はプラスにばかり作用するとは限りません。もちろんマイナスに作用することもあります。マイナス作用（逆機能）の1つは、あまり皆が同じような価値観を持ち、考え方をして、行動していると、新しいアイデアや異質なアクションが生じなくなることです。また、組織文化があまり強固に形成されると、それを守るのが目的化して、環境の変化について行けなくなってしまいます。

4.
組織内行動

　ハードな組織構造とソフトな組織文化、これらは全体的（macro）な視点からの捉え方です。これに対して個別的（micro）な視点からの捉え方があります。出来上がった組織の中で、働く人はどのように行動するかという見方です[7]。ここではその代表的なポイントを紹介します。

（1）コンフリクト

　コンフリクト（conflict）とは、争い、対立、衝突です。組織の中ではナマ身の人間同士が接触するのですから、大なり小なり摩擦は避けられません。コンフリクトはどこで起きるのか、なぜ起きるのか、なくすにはどうすればよいかに分けて考えましょう。

　コンフリクトが起きる場は、当人自身の内部、個人と個人の間、個人と組織の間、組織と組織の間の4つがあります。コンフリクトが起きる

109

理由は、個人的、組織的、状況的の３つがあります。個人的理由とは、価値観が違うとか、相性が悪いとか、言い方が気に入らないとかの部類です。組織的理由とは、縄張り意識とか、ヒト・モノ・カネ・情報の分捕り合戦とか、部門文化の違いとかの部類です。状況的理由とは、コミュニケーション不足とか、依存関係の偏りとか、ルールの未整備とかの部類です。コンフリクトを解消する方法としては、個人の価値観や相性やモノの言い方はともあれ、全社的目的を明確にして優先順位をつける、担当範囲をはじめルールを整備する、人事交流を含め情報や意見の風通しをよくする、などが挙げられます[8]。会社はそれらによって、職場でのコンフリクトの抑制に努めます。

（２）モチベーション

　モチベーション（motivation）とは動機、つまり行動を起こさせる要因です。そもそも私たちは何のために働くのでしょうか。生活するのに必要なお金を稼ぐため、社会に貢献するため、仕事から満足感を得るため、いろいろな動機が考えられます。

　この「何を手に入れるため」という欲求に関する最も有名な説が、アメリカの心理学者マズロー（A.H.Maslow）の欲求段階説です。彼は人間の欲求には図表９のような５つの層があり、下層の欲求が満たされるとそのすぐ上層の欲求を満たそうとし、１番上の層にまで上がって行くと唱えました。これは必ずしも実証された説ではないものの、わかりやすいし、人的資源管理などでよく使われますから、覚えておくとよいでしょう。

図表－9　マズローの欲求階層

自己表現欲求	自分の理想像に到達したい
承　　認欲求	他人に認められたい
社 会 的欲求	何かに所属して安心したい
安　　全欲求	危険から身を守りたい
生 理 的欲求	食べたい　眠りたい……

第5章
経営組織

　他にも説がありますが、わかるのは、モチベーションには大きく分け
て外的モチベーションと内的モチベーションの2種類があるということ
です。外的モチベーションとは、給料が増えるとか昇格するとか表彰
されるとか、目に見えるモチベーションです。内的モチベーションとは、
社会的に意義があるとか尊敬されるとかやり甲斐があるとか成長できる
とか、目に見えないモチベーションです。前者をハードなモチベーショ
ン、後者をソフトなモチベーションと呼べるかも知れません。人はその
どちらかだけのために働くのではなく、両方によって動機づけられてお
り、会社はさまざまな制度や上司による対応などを工夫して、動機づけ
の強化を図ります。

（3）リーダーシップ

　リーダーシップ（leadership）は指導権や統率力、つまり目的に向け
ての他者への影響力です。組織での垂直的分業の第1歩が指揮する者と
される者、リーダーとフォロワーの別であり、そのリーダーがフォロワ
ーに対して持つべき力がリーダーシップです。あの人はリーダーシップ
がある、この人のリーダーシップは強いとか言われますね。抽象的なリ
ーダーシップの中身は具体的には何なのか、これについても多くの議論
が行われて来ました。

　初めに唱えられたのが、その人が「どんな特徴を備えているか」によ
るという資質論です。背が高いとか声が大きいとかの身体的特徴、積極
的とか頭がいいとかの精神的特徴、エエトコの出とか学歴が高いとかの
背景的特徴などが挙げられました。次に唱えられたのが、それらの言わ
ば静態的特徴でないとしたら動態的特徴だろう、その人が「どんな行動
をするか」によるという行動論です。ビシバシ自分で決める専制的タイ
プ、フォロワーたちの意見を聞いて進める民主的タイプ、フォロワーた
ちに自由にやらせる放任的タイプなどが挙げられました。そしてまた唱
えられたのが、どれかのタイプがいつも有効とは限らず、その人たちが
「どんな状況にあるか」によるという状況適合（contingency）論です。
フォロワーたちが自分で何でもこなせる場合と言われないと何もできな

111

い場合、フォロワーたちと良好な関係が築けている場合と険悪な場合、仕事の内容が整理されている場合とハチャメチャな場合、同じリーダースタイルではうまく行く筈がないというわけです。

　リーダーシップにも、ハードとソフトの2種類があるようです。ハードの方は組織がリーダーの地位に付与する指導権で、人事考課に基づいて昇給昇格（アメ）させたり左遷（ムチ）したり、意見が合わなくても業務命令として実行させたりする「権限」を背景に、フォロワーを従わせる力です。ソフトの方はリーダー自身が発揮する統率力で、先ほどの資質論や行動論や状況適合論は、こちらをめぐっての議論です。会社はフォロワーを円滑に動かすため、公正な指導権を整備し、リーダーに適切な統率力を発揮させようとします。

5.
組織間関係

　ここまでは組織の形（構造）と雰囲気（文化）、そこでの人の動きをめぐって考えて来ました。今度は組織と組織との関係について見てみます。

（1）資本関係
　組織と組織の関係と聞いてまず思い浮かぶのは、いわゆる親会社と子会社の関係ですね。

　親会社（parent company）とは、ある会社の株式の過半数を持つ会社であり、過半数を持てば意思の決定権があるわけで、その会社を従属させることが出来ます。従属する会社が子会社（subsidiary company）です。似たような言葉の関連会社は、株式の20〜50％を持たれている会社で、20〜50％を持たれると、方針などに重要な影響を及ぼされます。資本は会社にとって血液みたいなものですから、資本で結びつく関係は親族関係と言えるでしょう[9]。

親族には親子のようなタテの関係だけでなく、兄弟や従姉妹のようなヨコの関係もあります。お互いの株式を持ち合い、親戚付合いをしている会社です。幾つかの会社がグループを作り、その中で親戚付合いをするのが企業グループで、三井、三菱、住友など、業種が違う会社たちがグループ名を被せた社名を名乗っているのがそれです。

（2）協力関係

　資本のつながりはないけれども、契約によって提携している会社があります。血縁関係ではなく、約束を交わした友人関係と言えるでしょう。共同で仕入れて買値を安くしたい、技術を教えるから売る方は頼む、日本側は任せろオタクの政府にはうまくやってくれ、いろいろな中身の提携があります。近年はビジネスの基幹部分で協力する戦略的提携（strategic alliance）も盛んになりました。

　たとえば典型的な製造業のビジネスは、原料を供給する会社、それを使って部品を作る会社、それを使って完成品に仕立てる会社、それを大口で仕入れて小口に分けて卸す会社、そこから小口で買って1つ1つ売る会社と流れます。鎖のようにつながるこの供給の流れを、供給連鎖（supply chain）と言います。この流れの川上（upstream）や川下（downstream）と結ぶ特約的な協力関係を、系列と言います。この関係は日本独特とされ、ケイレツは今や英語の中でそのまま使われます。系列内の大企業と特約関係にある中小企業を、下請けと言います。

（3）ビジネス関係

　資本のつながりも提携の契約もない、平たい業務上の関係です。親族関係でも友人関係でもない、他人関係と言えるでしょう。同じビジネスを営む相手との競合関係、サプライチェーンで接する相手との取引関係などは、これに含まれます。自社の仕事の一部を他社に外注すると、両社が親密な関係にあるように見えますが、それはその仕事サービスという商品を売買している取引関係です。

（4）多国籍企業の組織間関係

　世はグローバリゼーション（globalization）の時代で、ビジネスもグローバル化しています。グローバル化したビジネスの主役が多国籍企業（multinational corporation ＝ MNC）です。多国籍企業とは国籍を多く持っている企業であり、一般に「対外直接投資（foreign direct investment ＝ FDI）[10] を行い、2ケ国以上で付加価値活動を所有ないしコントロールしている企業」と定義されます。原料を輸入したり製品を輸出したりの貿易をする国際的企業（international corporation）は、グローバル化したビジネスの主役ではありません。外国に投資して、その国で企業の所有や経営をする多国籍企業が、主役になっています。

　1つの企業（親企業）が外国に投資して、そこで設立するか手に入れるかした企業（子企業）を所有ないし経営するわけですから、その間でどのような関係を維持するかは重要な問題です。それが多国籍企業の組織間関係です。この問題についても多種多様な説がありますが、そのうちの代表的なものをご紹介しましょう[11]。日本の多くは「中央集権型」です。本国の親企業が資源や権限を持ち、外国の子企業は言わばその出先として機能します。ヨーロッパの多くは「地方分権型」です。外国の子企業は自己完結性を持って自律的に活動し、本国の親企業は財務面だけをコントロールします。アメリカの多くは「管理調整型」です。本国の親企業は全体の計画を立てて子企業にノウハウを提供し、子企業はそれをもとに自分の能力や権限で活動し、親企業はその成果を管理します。これらのタイプを踏まえ、目指すべきは「ネットワーク型」とされます。親企業も子企業も資源やノウハウを融通し合い、各々が能力を自律的に発揮し、お互いに調整するものです。以上4つのタイプをイメージ化すると、図表10〜13のようになります。ネットワーク型に対しては、「理屈はわかるけど、現実にはなかなかそうは行かない」といった批判もありますが、今後の多国籍企業の組織間関係を検討する上で示唆を与える考え方です。

図表－10 中央集権型

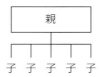

図表－11 地方分権型

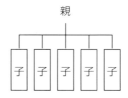

図表－12 管理調整型

図表－13 ネットワーク型

コラム：航空会社の組織

　ホームページによれば、現在の日本航空（株）の組織は、下図のようになっています。機能別・事業（製品、地区）別の考えがミックスされていて複雑です。左端側の「旅客販売統括本部」は旅客輸送の販売、その右側の「路線統括本部」は同じくマーケティング、どちらも機能の組織です。その右隣の「貨物郵便本部」は貨物輸送という製品の組織です。中央の線から右側は、いろいろな機能を分担する組織です。下に広がっているのは地区別の組織です

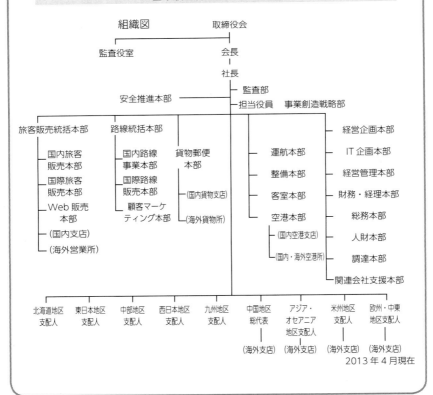

第 5 章
経営組織

■注

1) 官僚制を論じたので有名なのは、ドイツの社会学者ヴェーバー（Max Weber）です。彼は、君主や上司が言わば相手次第・その時次第で無原則的に家来や部下に仕事させるやり方を、批判したわけです。ところが役所では、規則を守ること自体が目的のようになったり、必要な書類がやたらと多くなったりしがちで、そこから「お役所仕事＝官僚的」のイメージが出来ました。官僚制が組織の円滑な運営にマイナスに作用する現象を、官僚制の逆機能（dysfunction）と言います。

2) 図表5のように売る相手別、図表6のように売る地区別に分けるのもこのタイプです。

3) 事業部の自立性が更に高まって、あたかも1つの会社のようにまでなった形がカンパニー（company）制組織です。会社内の会社みたい、という意味でその名があります。

4) マトリクス（matirix）とは数学用語の「行列」で、幾つかの数を長方形に並べたものを指します。

5) 更にもう1つ、非公式集団について触れておきます。構造として言わば公認された組織に対して、公認されたわけではない集団が、事業体の中には往々にして存在します。学校の同窓生とか、入社の同期生とか、ある時期の同僚とか、単なる飲み会仲間とかのつながりで構成される、ネットワークです。情報を提供し合ったり、助け合ったり、実際の仕事上ではこのネットワークが意外に力を発揮するので、組織を考える時に軽視できません。「非公式組織」と言われることもありますが、共通の目的に向け分業して協力するわけではないので、組織とまで呼ぶのにはムリがあるでしょう。

6) アメリカの経営学者チャンドラー（Alfred Chandler）による命題です。

7) これをorganizational behaviorと言います。組織行動と訳されますが、それでは何だか組織が行動する感じで、誤解されがちです。「内」をつけて組織内行動とする方が適切だと思います。

117

8）コンフリクトを解消する形態は、どこまで自己主張するか・どこまで他者に協力するかによって、5つに分類できます。

自己主張度が低い　＋　他者協力度が低い　＝　コンフリクト自体を避ける

自己主張度が高い　＋　他者協力度が低い　＝　相手と争う

自己主張度が低い　＋　他者協力度が高い　＝　相手に合わせる

自己主張度が高い　＋　他者協力度が高い　＝　相手と協調する

自己主張度も他者協力度もそこそこ　　　　＝　両者の中を取る

アメリカの経営学者トーマス（K.W.Thomas）が整理しました。

9）それまであまり付合いのなかった会社の株式を買い取るなどして、一気に結婚したり養子縁組したりするケースもあります。結婚するのが合併、養子に貰うのが買収で、それぞれmergerとacquisition、足して略してM&Aと言います。相手と合体して市場占有率（market share）を高めるとか、相手の持っている人材や設備や技術やブランドなどの資源を手に入れるとか、M&Aの目的はさまざまです。

10）外国に投資する目的には2種類あります。1つは、株式を買って配当金を得たり、再び売って差額を得たり（capital gain）するもので、自分がその会社を直接に経営するわけではないため、これは間接投資と呼ばれます。もう1つは、株式を入手したり新たに会社を設立したりして自分で経営し、その活動を通じて各種の利益を得ようとするもので、こちらが直接投資です。

11）オーストラリアの経営学者バートレット（Christopher Bartlett）とインドの経営学者ゴシャール（Sumantra Ghoshal）が提示した説です。

第5章
経営組織

■参考文献 ─────────────────────────

経営組織について初めてまとまった勉強をしたい人には、次の本を推薦します。

石塚　浩　著　　『経営組織論』　　　　　　創成社、　　2009年
稲葉裕之ほか著『キャリアで語る経営組織』有斐閣、　　2010年
十川廣國　編著『経営組織論』　　　　　　中央経済社、2006年
高松・具　共著『コア・テキスト経営管理』新生社、　　2009年
藤田　誠　著　　『スタンダード経営学』　中央経済社、2011年
松崎和久　編著『経営組織』　　　　　　　学文社、　　2006年

もう少しレベルアップした勉強をしたい人には、次の本を推薦します。

桑田・田尾　共著『組織論』　　　　　　　有斐閣、　1998年
田尾雅夫　著　　　『現代組織論』　　　　勁草書房、2012年
高木晴夫　監修　　『組織マネジメント戦略』有斐閣、　2005年

英語で経営組織を学びたい人には、次の本が日本でも手に入りやすいと思います。

Eriksson-Zetterquist, Muellern, Styhre "Organization Theory" Oxford Univ.
　　Press, 2011

国際ビジネスにおける経営組織を学びたい人は、次の本の該当部分を読むといい
でしょう。

江夏・太田・藤井　共編『国際ビジネス入門（第2版）』中央経済社、2013年
茂垣広志　編著　　　　『国際経営』　　　　　　　　学文社、　　2006年

第6章   Marketing

マーケティング

要 約

　現代社会では、非常に多くの製品やサービスが溢れていますが、私たちはそれらを購入し、利用することによって便利で豊かな生活を享受しています。企業は消費者が何を求めているかという点や、求めているものがどのように変化しているかを探りだし、それらに対応する商品やサービスを開発し続けています。さらに、その商品やサービスを利用することによって私たちの生活がどのように変化するのかを広告活動や販売促進活動を行うことにより消費者に訴求するマーケティング活動を行っています。

　目覚ましく変化する現代社会において、マーケティング活動は企業活動の維持と発展の中心となっており、マーケティング活動の成功の可否が企業の今後を左右するといっても過言ではありません。マーケティングは、外部環境の変化に対応するべくその定義や概念も変化しています。特に、近年では企業は一方通行型の４Ｐを中心としたマーケティングから顧客との関係性を意識した双方型の４Ｃを意識したマーケティングが主流となってきています。

1.
マーケティングの理解

　現代社会は、一昔10年といわれていた時代から、今では2〜3年といった言葉が相当するかもしれないほど目まぐるしく変化しています。2014年度では、携帯電話の世帯普及率は100％を超えており、ガラケーと呼ばれた電話やメールが主な利用であった携帯電話を使用していた時代から、現在では50％以上の人がスマートホンを利用するようになってきました[1]。そして、通話やメールのやり取りもLineやSkipeなどの無料で利用できるものが主流となっています。またインターネットを通してホテルの宿泊や旅行の手配をしたり、書籍や商品の発注やオークションサイトを利用して欲しいものを手に入れるような時代へと変化しています。さらに、最近ではSNSなどのソーシャル・メディアを通して必要な情報を手に入れたり、発信したりする人も増えています。

　このように、情報技術の進展、消費者のライフスタイルの変化、市場の成熟化によって企業自身も大きな変革の波に晒されており、短期間で企業の競争優位が崩れてしまうなど企業間競争もますます激しくなっています。くわえて、地球環境問題などの関心の高まりやソーシャル・メディアなど新しい技術の進展により、ビジネス活動は過去よりもはるかに速く変化しています。急速に変化する顧客とそれに対応するべき企業の戦略的計画や管理の重要性を認識しなければ、その存続や発展は不可能であり、その中核を担うマーケティング活動がいっそう重要になってきました。

　マーケティング活動は、市場における顧客の獲得と維持に大きく関わっており、動態的な市場に対して企業が創造的に適応していく活動であるといえるでしょう。

（1）マーケティングの定義の変遷
　マーケティングは、20世紀初頭のアメリカで誕生し、まだ新しい学

第6章
マーケティング

間ですが、その定義は消費者、社会、経済状況、ライバル企業の変化に
合わせて時代とともにさまざまな見解が提示されています。アメリカマ
ーケティング協会 (AMA：American Marketing Association) の定義は、
1935年のアメリカマーケティング教育者会議の定義を基に1948年に踏
襲し、それから2007年に至るまで何度も改訂されて現在の定義になっ
ています[2]。

① 1935年：「生産者から消費者、あるいはユーザーへ商品やサービス
   の流れを方向づけるビジネス活動の遂行」(The performance of
   business activities that direct the flow of goods and services from
   producer to consumer or user)

② 1985年：「マーケティングとは、個人および組織の目標を満足させ
   る交換を創造するために、アイディア・商品・サービスについての
   着想、価格設定、プロモーション、流通を計画し、実行する過程で
   ある。」(Marketing is the process of planning and executing the
   conception, pricing, promotion, and distribution of idea, goods
   and services to create exchanges that satisfy individual and
   organizational objectives.)

③ 2004年：「マーケティングとは、顧客に価値を創造し、伝達し、引
   き渡すため、そして組織とそのステークホルダーにベネフィットを
   与えるような方法で顧客関係を確立するための一つの組織機能であ
   り、一連のプロセスである」(Marketing is an organizational
   function and a set of processes for creating, communicating, and
   delivering value to customers and for managing customer
   relationships in ways that benefit the organization and its
   stakeholders.)

④ 2007年：「マーケティングとは、顧客、依頼人、パートナー、社会
   全体にとって価値のある提供物を創造・伝達・配達・交換するため
   の活動であり、一連の制度、そしてプロセスである。[3]」(Marketing
   is the activity, set of institutions, and processes for creating,

communicating, delivering, and exchanging offerings that have value for customers, clients, partners, and society at large.）

　上記に挙げた定義からも理解できるように、変化する外部環境とともにマーケティングの対象は、当初の商品やサービスを対象としただけではなくアイディアにまで広がりみせました。そして、2004年の定義では顧客との間で「価値」を創造することが中心となり、その主体も営利を目的とする企業に限定されることなく、非営利組織（政府、学校、生協、NPO等）、あるいは株主、顧客、取引先、従業員、地域住民などの利害関係者であるステークホルダーにも利益を与えることであると定義されました。さらに、2007年の定義ではマーケティングの機能やプロセスに着目しているのに加えて、その活動や制度についても言及しています。これは、これまでの定義の中核概念であったマーケティング管理（マーケティング・マネジメント）的な要素に加えて、交換、社会全体という広い概念を用いることにより、マーケティングが果たす役割やその重要性が一層増していることを意味しています。

　このように、マーケティングとは、生産から消費への単なる流れに関連するものではなく、マーケティングの主体や対象が拡大しようとも、組織やその組織の利害関係者が相互に利益を獲得し、満足を実現するための理念や行動といえます。

（2）マーケティング・コンセプトの変遷

　マーケティングは、理念と行動の2つの側面を有しています。理念は、マーケティングの基本的な考え方を示すものであり、マーケティング・コンセプト（marketing concept）と呼ばれています。レビットが「社会や消費者について確実にわかっていることはただ一つ―絶えず変化している、という点だ。[4]」と記しているように、消費者や社会は常に変化しており、それに応じてマーケティングの基本的な考え方も変化を遂げています。

　マーケティングの基本的な考え方の中心となるコンセプトは、「生産志向」から始まり、「製品志向」、「販売志向」、「マーケティング志向」

と進化してきました。そして、今後は「社会的志向」に向かうだろうと思われます。

第一段階は「生産志向」と呼ばれています。1920年ごろまでのアメリカでは、製品はまだ比較的少なく、需要に対し供給が不足していた時代でした。すなわち、「作れば売れる」という時代であったことから、企業は生産と生産システムの能率を向上させることを第一として、製造業者は自己製品の販売への努力をほとんど必要としませんでした。戦後から高度成長期にかけての日本でも同様であり、1960年代の「3C（クーラー・カラーテレビ・カー）」時代がこの時期に相当するといえます。市場が未成熟な段階であり、需要に対して供給が不足している段階では、生産力そのものが価値であり、生産性の向上が企業の戦略の上では競争優位になるという考え方でした。

第二段階は、「製品志向」と呼ばれています。ある程度、供給が需要に追いついてくる段階になり、顧客は企業や製品間の比較をすることにより、できるだけ品質面で高性能な商品や高機能な商品を求め始めます。企業にとっては、良い製品を開発することが競争優位になるため、商品の開発や改良によって競合他社との差別化を図ろうとします。すなわち、商品開発に集中することとなり、「良い商品を作れば売れる」という考え方がこれに相当します。製品思考の段階のコンセプトの中心は、如何なる商品でも作れば売れるという時代から、他社と比較してより良い商品でないと売れないという時代が相当します。

第三段階は、「販売志向」と呼ばれており、製品志向が進むことで企業間競争がますます激しくなるとともに、やがて供給が需要を上回ると企業は過剰在庫を抱えるようになります。顧客にとっても需要は十分に満たされつつあるため、商品の優劣だけを、あるいは商品による差別化だけを強調して製品力だけで販売することは難しくなっていきます。そのため、企業は製造した商品をいかに売るかに力を注ぐようになってきます。

すなわち、自社商品を買ってもらうために、セールス活動に重点を入れようとするコンセプトが「販売志向」であり、この時代には、次々に

生産される製品をいかに販売していくかが最大の関心事となり、「作ったものをいかにして売るか」というプロダクトアウトの考え方のもとで、特に広告や人的販売などが活動の中心となってきます。

　第四段階は、「マーケティング志向(顧客志向)」と呼ばれるコンセプトです。ターゲットとなる市場や消費者のニーズを掴み、消費者が求めるものや満足できるものを販売するという市場の動向を見据えた企業活動が重要視されてきました。この段階の中心となる考え方は、市場調査や製品計画によって「売れるものをいかに作るか」であり顧客が満足できるようなマーケティングの仕組み作りを中心とするコンセプトです。そして、市場を形成する顧客（消費者）のニーズやウオンツに焦点が当てられ、製品購入後も消費者が製品に対して満足を与えているかどうかも必要になってきました。

　そして、第五段階となる今後のコンセプトとして提案されているのが「社会的志向（人間志向）」です。コンシューマリズムの高まりや大気汚染・水質汚濁といった産業公害、さらには地球環境問題がクローズアップされ、企業はさらに社会や自然環境など社会全体との調和を求められるようになって来ました。そして、企業は単に高付加価値商品を顧客に対して提供するだけではなく、その商品とそれを購入する消費者の社会的な役割や関係を考慮しながら提案することが企業のマーケティング活動において重要になります。

　このように時代とともに、企業のマーケティング・コンセプトは企業を取り巻く環境の変化に対応しながら変化しています。

2.
企業のマーケティング活動の進め方

　企業がマーケティング活動を展開する上で、最初に取り組まなければならないのは、個々の製品・サービスや事業に関するマーケティング目

標を明確化することです。マーケティング目標において、個々の製品・サービスや事業について、一定期間の売上、マーケットシェア、利益率等について具体的に設定する必要があります。

　マーケティング目標が確認されると、次はその目標を達成するためにセグメンテーション、ターゲット、ポジショニングを検討し、コンセプトを明確にする必要があります。マーケティングにおける「STP」とは、「セグメンテーション（Segmentation）」「ターゲティング（Targeting）」「ポジショニング（Positioning）」の3つの頭文字をとったもので、効果的に市場を開拓するためのマーケティング手法として、自社が誰に対してどのような価値を提供するのかという問題を明確にするための手法としてフィリップ・コトラーが提唱しました[5]。現在では、すべての顧客のニーズに対応でき、万人から受け入れられる商品やサービスを提供することは不可能なため、特定の層に焦点を当てる作業が必要になります。そこで、似通った特性をもつ顧客をグループ化することによってターゲットを絞り込みます。このように、企業は顧客のニーズを絞り込み、市場を細かく細分化し（マーケット・セグメンテーション）、その細分化した市場（セグメント）に向けてターゲットを定めるとともに、その商品やサービスが自社においてどのような地位に位置づけるのか（ポジショニング）という作業を行います。セグメンテーションの具体的な基準は、以下に挙げる分類方法があります。

（1）Segmentation（セグメンテーション）

　セグメンテーションとは、市場全体（マス・マーケット）をさまざまな変数により細分化して、その一部を標的市場として絞り込むための準備をすることです。一般的に市場を細分化することを、マーケット・セグメンテーションと呼び、また細分化された変数をセグメントと呼んでいます。セグメンテーションは、さまざまな角度や方面から市場調査し、ユーザー層、購買層といった形であぶり出すことにより切り口を探しだしていきます。

　セグメンテーションに用いられる変数としては「人口動態変数

（Demographic Variables)」、「地理的変数（Geographic Variables)」、
「心理的変数（Psychographic Variables)」、「行動変数（Behavioral
Variables)」が多く使われています。

①人口動態変数・デモグラフィック（Demographic Variables）
　　年齢、家族構成、性別、所得、職業、教育水準、宗教、人種、世代、
国籍、社会階層などの属性で区分する方法です。日本では、宗教、社
会階層などで区分するのは行われませんが、諸外国では重要なセグメ
ントの基準となる場合も多くみられます。
②地理的変数・ジオグラフィック（Geographic Variables）
　　地理的に分割する方法であり、国家、地域、都市・市町村などの属
性でセグメントするものです。自社の活動する中心領域を国内に限定
したり、都市部に設定する場合などでは、セグメンテーションを地理
的変数として用いる場合がみられます。ターゲットが明確となるよう
なアパレル業界などでは、年齢や性別などが変数としてよく使われた
り、自動車業界などでもミニバン、スポーツカーなどターゲットを絞
り込むような車種にはこのタイプの変数が使われることがあります。
③心理的変数・サイコグラフィック（Psychographic Variables))
　　価値観、ライフスタイル、性格、個性、嗜好性などで分類する方法
です。この変数によるセグメンテーションは、アンケートからの結果
などから変数を導きだし、セグメンテーションの変数として設定する
ことが一般的なアプローチ方法です。
④行動変数（Behavioral Variables）
　　製品の利用状況や購買頻度、製品に求める価値、製品に対する態度
などの属性により分類する方法です。例えば、製品やサービスの購買
頻度などによって、ヘビーユーザー向け、あるいはライトユーザー向
けというように新製品開発や広告作成時に市場細分化を行いターゲッ
トを明確にすることが可能となります。また、製品に対する知識、態
度、使用状況などの行動変数により市場を細分化することもあります。
例えばビールやウイスキーなどのアルコール市場では、愛飲家をヘビ

ーユーザー、ミドルユーザー、ライトユーザーというような日常的な飲用量で分類することによって、きめ細かなマーケティング戦略を展開することが可能となります。

（2）ターゲティング(Targeting)

　市場細分化によって、各セグメントの市場機会が明らかとなると、企業はそれらセグメントの魅力度を評価し、どのセグメントに向けてターゲットを設定するかを考慮することになります。ターゲットを定める場合の評価基準は、市場規模や成長性、市場やセグメントの長期的な魅力度（競争企業、潜在的な参入企業の有無、代替製品、買い手、供給業者など）を評価したうえで市場へ参入するかどうかを見極める必要性があります。また、その際には自社の戦略や長期的目標と合致しているかどうかという点や、ターゲットとして設定したセグメントで十分な収益をあげるための必要なスキルや資源を有しているかなどについても考慮する必要があります。その際に、外部環境や内部環境における強みや弱みを把握するための有効な手段となるのがSWOT分析、あるいはTOWS分析などです。

　SWOT分析とは、企業自身の内部環境要因、すなわち自社における強みと弱み、さらには外部環境要因における機会と脅威を明確化するものであり、企業の環境分析において有用なツールとして用いられています。SWOTとは、Strength(強み)、Weakness(弱み)、Opportunity(機会)、Threat(脅威)の頭文字を表したものであり、この分析を通して自社の環境、あるいは外部の環境を検討することにより自社の立場と社内外の環境を知ることができるという分析のツールのひとつです。

　いっぽう、Ｐ．コトラーはTOWS分析（The TOWS matrix: a tool for situational analysis）という概念を提示しました6)。それは、脅威（T ＝ threats）や機会（O ＝ opportunities）などの外部環境要因（経済、社会、政治、人口統計、製品と技術、市場と競争状況、技術革新、法令・社会環境・文化の変化など）を、弱み（W ＝ weaknesses）や強み（S ＝ strengths）などの自社の内部環境要因（マネジメントと組織・人材、

オペレーション、財務、製造能力、マーケティングの4P「Production（商品）、Price（価格）、Promotion（販売促進）、Place（立地・物流）」よりも優先させて分析する方法です。それは、企業の内部環境を外部環境よりも先に検討してしまうと、内部環境から考えた脅威や機会しか考えることができないため視野が狭いものになってしまう恐れがあるという理由からです。

いずれにしろ、企業や事業のマーケティング戦略を立案する際に使われる分析フレームワークであり、組織の外的環境に潜んでいる機会、脅威となる事項と、その組織・事業が内部に持つ強み、弱みと考えられる事項の組み合せから、将来においてあり得る状況とそれに対する対策を導き出すという戦略的策定手法を提示するものです。

（3）ポジショニング（Positioning）

ターゲットが決定された後は、消費者に対して自社の製品やサービスをどのようなポジションに位置づけるのかを決定する必要がありますが、それはポジショニングの位置づけにより企業の設定するマーケティング・ミックスの展開が大きく異なってくるからです。

そして、コンセプトが設定されますが、企業が製品・サービスを提供するうえ「顧客に対して如何なるベネフィット（便益）を提供することができるのか」という重要な課題です。顧客は、製品そのものが欲しいのではなく、その製品が提供するベネフィットを求めているからです。したがって、コンセプトを設定する際には、設定されたターゲットやポジショニングとの関係を考慮することは勿論ですが、消費者が対価を支払ってもよいと思えるだけの価値や魅力があるのかということが重要なポイントとなります。

3.
マーケティング・ミックスの策定

　コンセプトが決定されると、それを具体的な活動に落とし込むための計画であるマーケティング・ミックス（製品、価格、流通、プロモーション・コミュニケーションの組み合わせ）を策定することになります。これは、ある特定のターゲット市場に対するマーケティング活動やその手法の組み合わせのことです。具体的には、市場に提供する製品・サービス、ブランドに関する課題、価格設定に関する課題、商品流通の課題、あるいは販売経路や場所などのチャネルに関する課題、そして販売促進活動や広告などのプロモーション・コミュニケーションに関する課題など、マーケティングのさまざまな要素を商品やターゲットの特性に合わせて組み合わせることにより意思決定を行います。

　マーケティング・ミックスの分類としてよく知られている方法は、1961年にアメリカのジェローム・マッカーシー（E.J.マッカーシー）が「製品 (Product)」「価格 (Price)」「流通 (Place)」「プロモーション (Promotion)」です。このマーケティングの４Ｐは、あくまでも企業側の視点、売り手側の視点に立っているということから、マーケティング本来の考え方である、顧客中心主義という顧客の視点に立つためには、この企業側の視点を買い手であり顧客である顧客視点に変えることが必要となってきます。

　いっぽう、ロバート・ラウターボーンは、マッカーシーの提唱した４Ｐの概念を購買者視点に置き換え４Ｃとして提唱しました[7]。それは、顧客価値（Customer value）、顧客コスト（Customer cost）、利便性（Convenience）、コミュニケーション（Communication）から構成されており、常に買い手側である消費者のことを考えた上でマーケティング・ミックスを立案するべきであるという考え方から提唱されたと思われます。つまり、４Ｐに対応する消費者の視点として重要な要素が４Ｃ

といえます。いずれにしろ、両者ともマーケティング戦略を立案する上で、まず考慮すべき要素であることは確かです。

製品(Product) ⇔ 顧客価値(Customer value)
価格(Price) ⇔ 顧客コスト(Customer cost)
流通(Place) ⇔ 利便性(Convenience)
プロモーション(Promotion) ⇔ コミュニケーション(Communication)

つまり、企業側はマーケティング戦略を立案する場合には、４Ｃという視点に立ち、マーケティング戦略を考えなければなりません。顧客は商品そのものが欲しいわけではなく、①自分自身の価値や問題点に対する解決策を購入している、②製品の獲得から、使用、廃棄に至るまでの全体のコストに関心を持っている、③製品やサービスができる限り簡便に利用できることを望んでいる、④顧客は企業との双方向のコミュニケーションを望んでいる、という４Ｃを念頭に置いたうえで４Ｐを構築することが必要だと思われます。

（１）製品：Productと顧客価値(Customer value)

製品は、企業が市場調査、需要予測、消費者の購買行動調査等のマーケティング・リサーチによって収集したデータにから決定したコンセプトに基づいて、顧客に提供しようとするベネフィット（便益）を反映した製品の決定をすることです。ベネフィットとは、消費者が製品を所有したり、使用したり、消費したりすることにより、そこから得られる価値や満足です。現代社会においては、同じようなベネフィットを提供する企業が多数存在しますが、多くの競合製品の中で、差別化を行うことによって自社の製品に特徴を出し、競合製品との違いを強調して自社製品に対して顧客の支持を得ようとします。

その際、顧客は商品が欲しいのではなく、製品によって得られる価値に対して対価を支払っているため、顧客が求める本当の価値は如何なるものか考慮し、それに応えることができるのかを考えなければなりません。

Ｐ．コトラーは、製品の概念を３つの階層レベルに分類し、その中核

第6章
マーケティング

となすのは、消費者や生活者がある製品に期待する便益・サービスであると述べています。つまり、消費者が製品を購入するのは、生活をしていくうえで必要となるニーズを具体化したり、あるいは充足したりするものや目的を果たすことが可能となるものが製品概念においては中核となると考えられます。そして、製品の中核となる便益を取り巻いている2つ目の階層には、実質的に製品を形成している成分、品質、特徴であり、さらに主にイメージを形成しているスタイル、パッケージング、ブランドなどの感覚部分です。さらに、その周りを取り巻いているのが保障、アフターサービス、取り付け、配達、信用供与など製品売買を行うことにより生じるさまざまな付加部分です。

　このように、製品とは目に見える特徴や特性ばかりではなく、顧客のニーズを満足させるさまざまなベネフィットの束として捉えられることから、製品の3つの階層レベルについて検討し、如何なる製品を提供するのかを決定する必要があります。

図表－1　商品の3層構造モデル

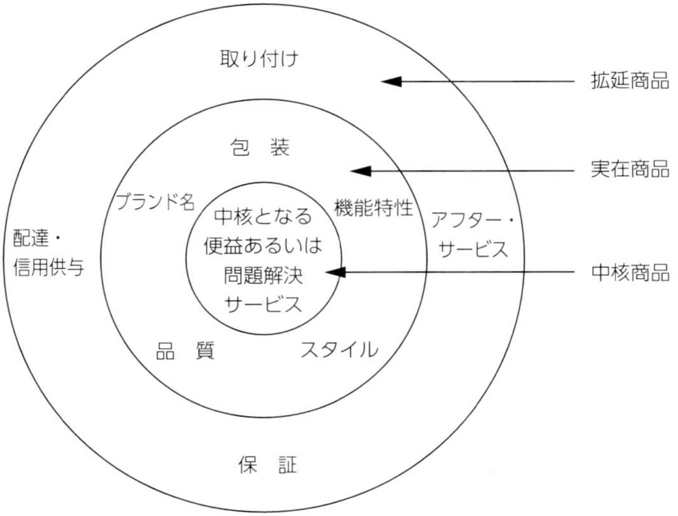

（出所）Philip Kotler and Gary Armstrong,Principies of Marketing,6th ed.,Prentice-Hall.lnc.,1994,p.277(Figure10-1)

（出所）P.コトラー・G.アームストロング著、和田充夫監訳『マーケティング原理（第9版）』ダイヤモンド社、2003年、p.349

133

人間や生物と同様に、マーケティング対象となる製品にも寿命があります。製品の寿命とは、新製品として市場に登場してから、時間の経過とともに市場から消えるまでを指しており、この寿命を導入期、成長期、成熟期、衰退期という変化のパターンに沿って4段階に分類して説明したものをプロダクト・ライフサイクル (product life cycle：PLC) と呼んでいます。マーケティングの担当者は、自社製品がＰＬＣ上どの位置にあるのかを把握し、各段階の特性を理解したうえでマーケティング計画を遂行する必要があります[8]。

①導入期＝導入期は、製品が市場に導入されて間もない時期であり、消費者はその製品（製品名、品質、性能、効用など）を認知していない時期であることから、多くの売上高は見込めず、生産量も少なくそのために製造原価が比較的大きいと思われます。企業はできるだけ早くこの時期の商品を認知してもらい購買に結びつくように広告費などに多額のプロモーション費用を投入します。加えて、販売チャネルを確立するための費用も少なくなく、一般的にこの段階では赤字になるか、利益を生み出したとしてもわずかである場合が多いと思われます。企業は品質面などの調整を行い、次の段階の成長期に進むべき製品になるようにマーケティングを行います。

②成長期＝時間の経過とともに製品の知名度や評判が上がり、売上高が加速度的に増加し、市場全体での需要が高まる時期が成長期です。この時期は売り上げが増大することにより、単位当たりの製造コストや販売コストが低下するために利益も上昇します。そのいっぽうで、競合企業の参入によって競争が激しくなることから、企業はプロモーション活動を中心にマーケティング活動に力を注ぐことになります。そして、販売チャネルも整備され、生産設備も拡張されるために、市場規模も拡大していきます。

③成熟期＝成熟期に入ると、市場は飽和状態となるため製品に対する需要の伸びが次第に弱くなり、市場の成長率が鈍化し始めます。この段階では、過剰生産が生じるために、各企業の激しいシェア獲得のためのマーケティング活動が行われることになります。価格を引

き下げたり、販売促進費を上乗せしたり、製品の改良がおこなうためにマーケティング・コストが増大します。このような競争の中で限界となった企業が市場競争から脱落していくために寡占化傾向が強まっていきます。

④衰退期＝成熟期になると、代替品や競合品の出現により、売上や利益は下降していき、多くの企業は市場から撤退を始めます。各企業は生き残りのために、現状維持に努めるのか、それとも市場から撤退するのか、製品数を絞り込むのかなどのマーケティングにおける意思決定を行います。

図表－2　プロダクト・ライフサイクル

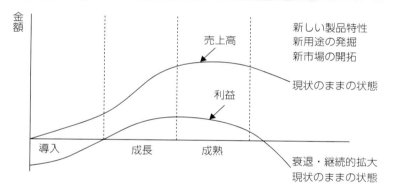

(出所)德永豊編『マーケティングの管理と診断』同友館、1989年、p.157

（2）価格：Priceと顧客コスト：Customer cost

　顧客が製品・サービスを購入するかどうかは、製品そのものの機能やベネフィット、付随的なサービスだけでなく、その製品購入のために支払う金額も重要な要素となります。価格については、値段の設定と、設定した価格を如何に管理していくかという2つの問題があります。

　価格の決定方法については、基本的に需要と供給のバランスによって決定されますが、企業の一般的な価格設定の考え方は、コスト、競争、需要の3つを考慮して考えられます。

コスト重視型の価格設定として代表的な方法はコストプラス法であり、コスト（製造原価や仕入原価）にマージン（利益）を加えて価格を決定するものです。また、競争相手が設定した同種の製品の価格を参考に設定する競争重視型の価格設定もあります。いっぽう、需要重視型の価格設定は、ある製品やサービスについて、これくらいなら支払ってもよいという買い手の値ごろ感を調べ、それに合った価格を設定するものです。これは製品やサービスのベネフィットに対する消費者の知覚によるものであり、心理的な反応に基づいた価格設定には、名声価格、慣習価格、端数価格、価格ラインと呼ばれる価格設定方法があります。

　このように、価格設定方法には、大きく費用（コスト）、競争、需要といった３つの設定方法があります。実際にはこのどれか一つを選択するのではなく、それぞれの視点を統合して価格設定は行われます。近年では、消費者の価値観は多様化していると言われます。上述したように、これまでの価格設定は、企業が原価に対して、流通経路や利潤を上乗せして価格を決定し、消費者に提示してきました。しかしながら、市場と消費者が変化した現在では、実売価格を市場の判断に委ねるオープンプライスが増加し、価格決定の主導権が消費者側に移行してきました。また顧客コストとは、単に製品の価格ということではなく、選択するためのコストや商品を入手するまでのコストなどをトータルで考えるべきであるという考え方が浸透してきました。そのことから、企業側が製品価格を決定するということではなく、消費者が購買する価格にするためのコストを考える必要になっています。

　また、新製品の価格設定方式には、代表的な二つの方法があります。一つは新製品発売の初期段階で高価格を設定し、高価格でも早期に購入したいという高所得者層のニーズをすくいあげ、開発費や販売促進費を比較的早く回収しようとする「上澄み吸収価格政策（skimming price）」です。また、これとは逆に、市場導入の初期から低価格に設定し、いち早く大きな売上高と市場シェアを獲得して、長期的に利益を得ようとする「市場浸透価格政策（penetration price）」があります。

第 6 章
マーケティング

（3）流通：Placeと利便性:Convenience

　マーケティングでは、生産者から消費者へと製品を売買する道筋のことをチャネルと呼びますが、製品を如何に消費者に届けるかという「流通(Place)」の要素を決めなければなりません。つまり流通政策とは、生産から消費に至る製品の社会的・物理的移転を円滑かつ有効にするチャネルの構築を検討することです。

　流通には、生産と消費の間にある時間、場所、社会の隔たりを埋める架橋の役割がありますが、具体的には①商的流通＝所有権の移転による取引の流れ（社会的隔たりを埋める）、②物的流通（物流）＝輸送業、倉庫業等が担当するモノが移動する流れ（場所的隔たり、時間的隔たりを埋める）、③情報流通＝情報が移動する流れ（販売情報や商品に関する情報等の交換）があります。

　商的流通における生産者のチャネルに関する意思決定は、商品の特性や企業のマーケティング戦略などを考慮して決定されます。特に考慮されるべき点は、チャネルの長さ、幅、開閉度などの問題があります。チャネルの長さとは、チャネルに含まれる段階の数を指しており、ⅰ生産者→消費者、ⅱ生産者→小売業者→消費者、ⅲ生産者→卸売業者→小売業者→消費者、ⅳ生産者→卸売業者→卸売業者→小売業者→消費者と介在する当事者が多くなればなるほどチャネルは長くなります。また、チャネルの幅は、チャネルの市場把握範囲を指しており、当該商品を取り扱う小売店の数と、それらの空間的広がりを意味します。もう一つは、開く、あるいは閉じるという併売か専売かを意味します。併売は自社製品と競合製品が一緒に売られることで、専売は自社製品のみを販売店に扱ってもらうことです。専売は併売に比べ、品揃えやアフターサービス等が充実でき、製品イメージの保持といった点で生産者のコントロールが可能になります。

　チャネルの構築にあたっては、消費者の購買のし易さを中心に考えることが必要ですが、一般的には、購買頻度の高い最寄品などは、チャネルは広く、長く、開く傾向になるように、提供する製品の性格、生産者の能力、消費者の購買行動を考慮してチャネルに関する意思決定を行い

ます。

　消費者側から流通を考える場合には、どれだけ便利であるのかを考慮することも重要なポイントです。近年では、インターネットの普及にともない、PCは勿論、携帯電話やスマートホン、あるいはタブレットなどが普及し、消費者はいつでもさまざまな情報を瞬時に手に入れたりすることができるようになりました。同時に、商品の良し悪しを顧客同士でやり取りしたり、価格を比較するサイトを利用することなども一般的になってきました。このような状況では、これまで行ってきた単なる商品販売や配送などのサービスだけではなく、より確実性や迅速性が求められるようになっています。そして、顧客が情報を入手する際の容易性、価値の分かり易さ、購買シーンや利用シーンをイメージさせることなど、消費者が利便性を享受できるかということも必要になってきました。

（4）プロモーション：Promotionとコミュニケーション：Communication

　プロモーションとは製品に関する情報を多くの消費者に対して発信する情報提供活動であり、その意思決定の焦点は情報（メッセージ）の内容や伝達手段を検討することで、広告、人的販売（販売員活動）、パブリシティ、セールスプロモーション（販売促進）の4つに分類されます。

　広告とは、有料のメディア（媒体）を通して、メッセージを非人的な方法で伝達する手段ですが、媒体としては、テレビ、ラジオ、新聞、雑誌といったマス媒体をはじめ、ダイレクトメール、電車の中吊り、屋外看板、新聞などの折り込み、インターネット等様々なものがあります。

　人的販売は、セールス・パーソンによる販売促進活動を指しますが、他のプロモーション活動と比較して双方向のコミュニケーションができることが特徴であり、それ故にこのセールス・パーソンの販売力（営業力）の養成と活用が重要となります。

　パブリシティ（publicity）とは、報道機関に自社の企業活動や製品に関する情報を提供し、ニュース、記事、番組として取り上げてもらう方法です。基本的には無料であり、企業が発信した情報を記事やニュースとして取り上げるか否かは報道機関側にあるため、パブリシティは報

第6章
マーケティング

道機関という第三者機関の判断による客観性が高まり、消費者の信頼度が高い活動と言えるでしょう。

　セールスプロモーションは、販売促進活動であり、景品（プレミアム）、サンプル、ノベルティ（記念品）、展示会などがこれに相当します。

　また、従来のプロモーション活動は、企業側から消費者側へ情報を流して需要を駆り立てるという一方通行型のプロモーションが考えられてきましたが、近年ではSNSや口コミなど個客との双方型のコミュニケーションが主流となっています。そのため企業側は、これまでのプロモーションの中心となっていた自社の商品情報よりも、正しい姿勢や適切と考えるコンセプトを打ち出し、共感を得ることができるような双方向型のコミュニケーションが中心となっています。

　企業は、4つの活動の一つだけを選択するのではなく、予算と照らし合わせながら顧客と価値を共有できるような効果的なプロモーション（コミュニケーション）・ミックスを行わなければなりません。

4. これからのマーケティング

　マーケティングは、時代の変化とともにその概念や役割も大きく変化しています。これからのマーケティングでは、特に企業の社会性が大きな課題であるといえます。近年では、マーケティング3.0という言葉も登場してきており、それは消費者満足や事業の差別化といった従来のマーケティングの論理的な部分の上に精神性があるという点です。すなわち、「どんな社会をつくりたいか」とういう点がコンセプトの中心になっています。このような考え方が登場した背景には、ソーシャル・メディアの普及による生活環境や価値観の変化、深刻化している資源・環境問題、地域格差などの社会問題があります[9]。

　マーケティング3.0では、人間性が重視され、論理的思考や感情的思考、

あるいは人格が必要になってきます。そして、企業はいかに商品を売る
かをコンセプトの中心に置くのではなく、製品や事業を通して社会をよ
りよい場所にするかを考えることが必要となるでしょう。

■注

1）内閣府による平成26年3月の消費動向調査、4-1.主要耐久消費財の普及・保有
状況（一般世帯）によると、主要耐久消費財の普及率では、携帯電話が93.2%、
スマートフォンの普及率は54.7%、タブレット型端末の普及率は20.9%となって
います。

2）2007年の定義では、マーケティング・マネジメントに加えて、交換、社会
全体という広い概念を用いています。P．コトラーが提唱したマーケティン
グ3.0の概念と照らし合わせてみるとマーケティング概念や消費者の変化理
解できるでしょう。詳しくはAMAホームページやP．コトラー『マーケテ
ィング3.0』を参照してください。

3）マーケティングの定義としてはAMA（アメリカン・マーケティング協会）
が提唱しているものが最もよく知られていますが、他にも日本マーケティン
グ協会やレビットなどの学者が提唱した様々な定義があります。

4）詳しくは、セオドア・レビット著　土岐坤訳『新版　マーケティングの革
新未来戦略の新視点』ダイヤモンド社を参照してください。

5）ノースウェスタン大学ケロッグ大学院教授であるフィリップ・コトラーが、
最初に提唱した理論の一つであり、製品やサービスのマーケットを細かくセ
グメンテーションすることにより、マーケティング戦略を立案する場合に使
われているマーケティングのフレームワークとされています。

6）この手法は、もともとサンフランシスコ大学 ビジネス&マネジメント・
スクール教授のハインツ・ワイリック（Heinz Weihrich）が「The TOWS
matrix: a tool for situational analysis」（1982年）に提唱したものであり、
企業の経営戦略や国の競争優位の研究、戦略策定の定式化のために考案され
たとされています。いっぽう、フィリップ・コトラーも、SWOT分析は、
TOWS分析と呼ぶべきであるとして、自社の内部環境分析を行う前に外部
環境要因としてのマクロ環境要因（経済、技術、政治、法規制、社会、文化）
やミクロ環境要因（顧客、競合他社、流通業者、供給業者）の変化を観察し、
関連する機会と脅威を見極めることの萌芽現実的であると唱えました。それ

は、外部環境が内部環境要因によって、限定されてしまうなどの問題を回避することができるという考え方が背景としてあるように思われます。

7）1980年代、University of North Carolina のロバート・ラウターボーンは、マーケティング・ミックスの新たな発想である4Cを提唱しました。それは、顧客側に立った視点から考えられており、顧客志向を強めたマーケティング・ミックスと言えるでしょう。

8）PLCを中心とした各期のマーケティング戦略は、それぞれの期の特性に合わせて展開されます。PLCの戦略についてはP. Kotler, "Marketing Management: Millennium Edition, 10th ed., Prentice-Hall, 2001(恩蔵直人監修　月谷真紀『マーケティング・マネジメント』、ピアソンエヂュケーション、2001年、p.396を参照のこと

	導入期	成長期	成熟期	衰退期
特性				
売上	低調	急速に上昇	ピーク	減少
コスト	顧客1人につき高コスト	顧客1人につき平均的コスト	顧客1人につき低コスト	顧客1人につき低コスト
利益	マイナス	上昇	高利益	減少
顧客	イノベーター	初期採用者	追随者	遅滞者
競合他社	ほとんどなし	増加	安定から減少	減少
マーケティング目的	製品認知と製品使用の促進	市場シェアの最大化	市場シェアを守りつつ利益を最大化	支出の減少とブランドの収穫
戦略				
製品	基本製品の提供	製品拡張，サービスと保証の提供	ブランドと製品アイテムの多様化	弱いモデルの段階的除去
価格	コストプラス方式の採用	市場浸透価格	競合他社に匹敵する価格が競合他社をしのぐ価格	値下げ
流通	択的流通の構築	開放的流通の構築	より進んだ開放的流通の構築	選択的流通への回帰
広告	初期採用者とディーラーにおける製品認知の促進	マス市場における認知と関心の喚起	ブランドの差異とベネフィットの強調	中核となるロイヤル・ユーザーの維持に必要なレベルまで縮小
販売促進	製品使用の促進を目的とした大規模な販売促進	縮小して大量の消費者需要を利用	ブランド・スイッチングを促進するために拡大	最小レベルまで縮小

9）マーケティング3.0の考え方は、コトラーの『マーケティング3.0 ソーシャル・メディア時代の新法則』朝日新聞出版、2010年P19、マーケティング1.0〜3.0までのマーケティングと比較してみると理解しやすいでしょう

マーケティング	1.0	2.0	3.0
中心	製品中心	消費者志向	価値主導
目的	製品を販売すること	消費者を満足させ、つなぎとめること	世界をより良い場所にすること
可能にした力	産業革命	情報技術	ニューウェーブの技術
市場に対する企業の見方	物質的にニーズを持つマス購買者	マインドとハートを持つより洗練された消費者	マインドとハートを持つ全人的存在
主なマーケティング・コンセプト	製品開発	企業と製品のポジショニング	企業のミッション、ビジョン、価値
価値提案	機能的価値	機能的・感情的価値	機能的・感情的・精神的価値
消費者との交流	1対多数の取引	1対1の関係	多数対多数の協働

■参考文献 ————————————————————————————

三上富三郎編著『新マーケティング入門』実教出版、1989年

加藤勇夫・寶多國弘・尾碕眞編著『現代のマーケティング論』ナカニシヤ出版、
　　2006年

P.コトラー著、恩蔵直人監修『コトラーのマーケティング・マネジメント（第
　　10版）』ピアソン・エデュケーション、2001年

相川修『マーケティング入門』（第4版）、日本経済新聞社、2006年

石井・嶋口・栗木・余田『ゼミナール マーケティング入門』日本経済新聞社、
　　2004年

E.J.マッカーシー著、栗屋義純他訳『ベーシック・マーケティング』東京教学社、
　　1978年

加藤勇夫編著『現代商業の課題と展開』 ナカニシヤ出版、1998年

尾碕眞・岡田千尋編著『マーケティング―産業別アプローチ』ナカニシヤ出版、
　　2000年

大脇錠一編著『新マーケティング情報論』ナカニシヤ出版、2003年

釜賀雅史・岡本純編著『現代企業のマネジメント』ナカニシヤ出版2008年

宮澤永光編著『現代マーケティング―基礎と展開―』ナカニシヤ出版2009年

尾碕眞・岡本純・脇田弘久編著『現代の流通論』ナカニシヤ出版2012年

釜賀雅史・岡本純編著『現代日本の企業・経済・社会』学文社2012年

和田 充夫・三浦俊彦・恩蔵 直人編著『マーケティング戦略』有斐閣2006年

日経デジタルマーケティング「最新マーケティングの教科書」日経BPムック
2013年

フィリップ・コトラー・ヘルマワン・カルタジャヤ・イワン・セティアワン著、
恩藏直人監訳、『コトラーのマーケティング3.0　ソーシャル・メディア時
代の新法則』朝日新聞出版、2010年

Philip Kotler, "Marketing Management" Pearson Education; Global ed of
14th revised ed.,2011

Michael E. Porter, "Competitive Advantage" Free Press; New, 2003

第7章

Human Resource

人的資源

要 約

　経営はそこで働く人がいなければ成り立ちません。働く人を経営のための資源と捉える表現が人的資源です。経営におけるヒトの扱いが人的資源管理です。人的資源には正社員・契約社員・パート社員・派遣社員などの種類があり、正社員にも管理職と一般職、総合職と一般職といった区分があります。

　私たちは「会社に入る（組織に加わる）」「就職する（職に就く）」と言いますが、その実体は「会社と労働契約を結ぶ」ことです。会社から見れば、契約の締結が「採用」、解除が「解雇」です。契約に基づいて働く人が提供するのが労働サービスで、その量は「労働時間」で測られ、会社がその見返りに提供するのが「報酬」です。労働サービスの質を会社が測るのが「評価」であり、質の向上を目指して会社は働く人を「教育」します。労働サービスをベストに組み合わせて業績を挙げるため、会社は働く人を「配置」し、また「異動」させます。いろいろな意味で契約だけでは収まりがつかない部分を契約当事者が話し合うのが「労使関係」です。今では働く人も働き方も多様化しており、そうした「多様性の管理」が重要になっています。海外に進出した会社において、日本とは違う条件下で日本人とは違う人たちをどのように扱うか、「国際的管理」への取り組みも大きな課題です。

1.
人的資源とは

　ジンテキシゲンとは聞き慣れない言葉ですね。経営活動をするための
モトになるもの、つまり経営資源は、一口にヒト・モノ・カネ・情報と
されています。ヒトはそこで働く従業員、モノは工場や機械など、カネ
は言うまでもなく資金、情報は知識やノウハウやブランドを指します。
この4つの資源を有効に活用して、経営を行うわけです。そのうちのヒ
トと言う資源が人的資源であり、それをどのように扱うかが人的資源管
理です。以前は労務管理とか、人事管理とか呼ばれていた領域です。人
材管理と言うこともあります。呼び方はともあれ、ヒトをしっかり取り
扱わないと、経営の目的は十分に達成できません。

　会社ではいろいろな人が働いています。私たちは正社員や契約社員、
パートやアルバイトがいることは知っています。では正社員なり契約社
員なりはどのような人で、パートとはどう違うのでしょうか。アルバイ
トとは何でしょうか。働いている人は他にもあるのでしょうか。まず初
めに、人的資源の種類を考えてみます。

（1）人的資源の種類

　会社で働くとは、会社に労働サービスを提供し、見返りに会社から報
酬を得るということです。働く人は会社とそのような約束、つまり契約
を結びます。私たちは「会社に入る」と言いますが、正確には「会社と
労働契約を結ぶ」のです。契約には「いつからいつまで」という期間を
決めているものと、決めていないものがあります。期間の定めがない契
約に基づいて働くのが正社員です。また労働サービスを提供する時間が、
フルタイムのものと一部だけのものがあります。無期限の契約はフルタ
イムが普通ですけれども、期間限定の契約には両方があります。期間限
定のフルタイムが契約社員であり、期間限定のパートタイムがパート社
員です。図に示すと、図表－1のような関係です。

図表−1 契約内容による社員の分類

		時間	
		フルタイム	パートタイム
期限	あり	契約社員	パート社員
	なし	正社員	—

　ときどき耳にする嘱託というのは、ある特定の仕事を任された契約社員です。アルバイトは学生のパート社員です[1]。皆さんは「バイトで労働契約なんか結んでいない」と思うかも知れませんが、友達に紹介されて店に行き、店長から「じゃ、火曜と木曜の夕方5時から9時まで、時給850円、いい？」と訊かれて「ハイ」と答えたら、それで立派な契約です。正社員のケースなら、入社の時に「ここにハンコを押して」と会社が示すのが労働契約書です。

　もう1つ、ハケンというのがありますね。これは正社員・契約社員・パート社員とは全く違う形態です。何が違うかと言えば、契約する相手が違うのです。働く人は自分が働く会社ではなく、その会社に働く人を派遣する契約を結んでいる別の会社と契約します。図に示すと、図表−2のような関係です。働く人はB社と労働契約を結び、その契約に基づき、B社と派遣契約を結んでいるA社に行って実際に働くわけです。仕事上の指示はA社から受けます。指示をB社から受けるのは派遣社員ではなく、請負社員と言います。

図表−2 ハケンの仕組

　現在よく問題になる非正規労働者は、契約社員・パート社員・派遣社員など、正社員以外の総称です。

(2) 正社員の区分

　正社員の中身も均一ではありません。一方に、管理職と一般職の別があります。管理職は管理監督の仕事をする人たちで、会社の職位では部長や課長などがそれに当たります。部員や課員を管理するのです。よく聞く中間管理職というのは、経営者と一般職との間に位置する、これら管理職の意味です。一般職は管理監督されて仕事する人たちで、多くの会社では係長以下ヒラまでがそれに当たります。

　他方に、このところ目立ってきた総合職と一般職の別があります[2]。総合職は中心的な仕事を担当する人たち、一般職は補佐的な仕事をする人たちです。同じ一般職という言葉が使われるので、紛らわしいですね。大抵の場合、前者には引っ越しを伴う転勤があり、後者には引っ越しするほどの転勤は要求されません。一般職は補佐的仕事の性格上、職位の上昇には限度があります。待遇も違い、両者は別の扱いで採用されます。

　以上２つの区別を図に示すと、図表－３のような関係です。

図表－３　正社員の区分

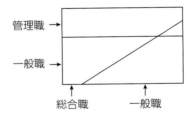

　こうした人的資源の管理を受け持つのが人事部です。ヨーロッパやアメリカでは人事部の業務は給与制度や福利厚生や教育訓練などが主であり、採用や異動や評価などは当該部門が行いますが、日本では人事部が一括して取り扱います。では正社員を念頭に、人的資源管理の対象領域を順次見て行きましょう。

第7章
人的資源

2.
採用と解雇

　初めは、労働契約の締結と解除についての話です。私たちは日本のやり方が普通だと思い込みがちですけれども、ヨーロッパやアメリカとはかなり異質と言うか、世界的には少数派です。

（1）採用

　小さな会社は別として、日本の採用の基本は新卒・定期・一括です。会社は向こう何年間、どのように経営するかの計画を立てています。その計画上、来年度はどれだけの人数が必要で、いま何人いるところ今年度中に何人辞めるだろうから、差し引き何人不足する、その分を補充するわけです。新たに学校を卒業して、まだ他の職場で働いたことのない人材で補充するのが「新卒」です。なぜ新卒かと言えば、他の職場の手順やカラー[3]を身につけていないフレッシュな人材の方が、その会社の手順やカラーに素直に馴染みやすく、馴染んで貰うことがチームワークを重視する日本の会社にとっては極めて重要だからです。ここから、毎年決まった時期にという「定期」が自然に出て来ます。殆どの場合は年に1回、4月1日です。補充の時点では誰にどの仕事をさせるか決めていないのが通常で、とにかくその人数を同時に採る、それが「一括」です。誰に何をは、採った後で会社が決めるのです。

　採用に当たって、会社は技術系には専門知識・熱意・理解力、事務系には熱意・コミュニケーション力・一般常識を求めると言われます。事務系では、採用後の配属先で実際に即して仕事を教え込み、「その会社の」役に立つよう育てる色彩が強いので、学校で何を学んだかはあまり問題になりません。最近では「会社は以前に比べて教育する余裕がなくなり、即戦力を求めるため、専門知識が必要」などと聞きますが、即戦力になるような専門知識を在学中に身につけるのは難しいし、仮に身についても現代ではその賞味期間は短いですから、そのような会社であっても求

149

めるのは、変化にも応用が利く「実務分野の基礎知識」といったもので
しょう。本当に即戦力が欲しい時は、会社は新卒でなく経験者を、いわ
ゆる中途採用します。

　知識よりも熱意やコミュニケーション力や一般常識に力点を置くので
あれば、選考方法は書類審査やペーパーテストより、面接が中心になり
ます。会社が繰り返し面接を実施するのはこのためです。立場が違う人
間に別の角度から、実物を見極めさせるのです。会社にとって、インタ
ーンシップはこの点で有効です。ある程度まとまった期間、実地に働く
姿を観察すれば、見極めの精度が高いのです。

　少数派の日本のやり方はそのようだとして、多数派のヨーロッパやア
メリカではどうなのでしょうか。日本はヒトを中心に考え、欧米はシゴ
トを中心にかんがえると言われます。計画に沿って経営を進めている、
その中でこの仕事を担当する人が新たに必要になった、あるいは現に担
当していた人が辞めた、ではその仕事をする人材を補充しよう、これが
欧米の多くの会社の採用の基本です。従って、誰でも・その都度・その
ポストに、です。新卒でも中採でも、アキが生じた時にいつでも、その
特定の職務のために、人を採るのです。選考に際しては面接と、即戦力
を示す資格や経験を記載した経歴書が重要です。日本でもこれから転職
が当たり前になれば、このスタイルが増えると思われます。

（2）解雇

　採用が雇用の入口、解雇はその出口です。締結した契約はいつか解除
になります。期限付きの契約なら、その期限が来たら解除です。期限な
しの正社員の契約にも、実は期限があります。契約書本体か付属書類の
どこかに、「当社の定年は65歳である」とか書いてある、それが期限で
す。つまり正確には、定年の年齢までという期限付きの契約なのです。
どちらにしても、期限になったら満期解約です。

　期限前の解除は、図表－4のように整理できます。
契約は両者の約束事ですから、両者が合意すればいつでも解除になりま
す。④がそれで、当人は円満退職です。①はどちらも解除を言いださな

第7章
人的資源

図表－4 労働契約の解除形態

		会社の意向	
		継続	打切り
当人の意向	継続	①	③
	打切り	②	④

い、平穏な状態です。②は当人は辞めたい・会社は辞めさせたくないケースですが、辞めたい人を引きとめてもロクな結果にならないので会社は結局は同意し、④と同じことになります。依願退職です。問題は③、当人は辞めたくないのに会社は辞めさせたいケースです。いわゆるクビで、これが解雇です。

解雇にはいくつかの種類があります。1つは懲戒解雇です。労働契約の一部となる就業規則か何かに、「重大な規則違反をした場合、会社の名誉を著しく傷つけた場合等には」などと書いてある、懲らしめ戒めのクビです。これこれの場合は解除だぞと契約に組み込まれているわけで、当人がイヤでも仕方ありません。刑事事件を起こした時もこれに当たります。もう1つは諭旨解雇です。会社は一方的にクビにはせず、「キミねえ、こうなった以上、もうここにいてもいいことないし、辞めたら？」と、その旨を諭し、当人に「それじゃ、まあ」と応じさせるものです。懲戒解雇では出ない退職金が、諭旨解雇では一部にせよ出ることがあります。そしてもう1つが整理解雇です。「あの人、リストラされたんだって」のリストラが、これに当たります[4]。経営状態が思わしくないからといって、会社は従業員をムヤミと解雇はできません。日本では次のようなチェックポイントが設定されています。

- 解雇しないと人件費がかさんで倒産するような、経済的必要があるか。
- 解雇しないで済ませるため、残業削減や希望退職募集などの努力を尽くしたか。
- 誰を解雇するか、納得できる基準に基づいて決めたか。
- 解雇の必要性や方法を、従業員によく説明したか。

151

そこに出てきた希望退職募集とは、「今なら退職金をこれだけ割り増しする」といった好条件を提示して、自分から辞める人を募ることです。会社が募集するものの、結果の形は当人の希望による退職となります。

雇用の出口についても、各国のやり方が同じわけではありません。たとえばアメリカでは定年制は年齢による差別だとして禁じられていますし、整理解雇には日本のように厳格なチェックポイントはありません[5]。

3.
労働時間と報酬

次は労働契約の中身である、提供する労働サービスの量と、受け取る報酬の話です。

（1）労働時間

製造業の生産労働者に関する厚労省の統計では、日本人は年間約2,000時間働くのに対し、ドイツやフランスは約1,500時間となっています。アメリカやイギリスはその間です。日本人は働き過ぎだと言われますが、それが数字に現われています。

日本では働くのは「日に8時間まで、週に40時間まで、休みは週に1日以上」と、法律で決められています。40割る8で週に5日（週休2日）働くとすると、1年52週で（365 − 52x2）x8 ＝ 2,088時間になります。しかし祝日が15日あり、給料を貰って休める有給休暇が普通は20日あるので、実働時間はもっと少なくなります。少なくなった数字と上記の2,000時間との差が残業であり、約200時間が残業とされています。

日本の祝日数は世界的に見ても多い方であり、有給休暇日数も遜色ありません。労働時間を削減するには、週当たり労働時間の法定上限を下げる・残業時間を減らす・有給休暇の取得率を上げるのが必要です。200時間なら働く日には毎日1時間近く残業している勘定ですし、ホワイト

カラーはその他にかなりの無届残業（いわゆるサービス残業）をしています。また日本人の多くが、権利である有給休暇をあまり取得していません。平均の取得率は50％程度で、半分は捨てているというか、サービス労働しているのです。取得する有給休暇も、病気したとか子どもの運動会とかに宛てており、本来の「休暇」は更に少ないのが現状です[6]。

　近年は日本でも、労働時間を柔軟に扱う会社が増えて来ました。1年を通算して平均で週に40時間にすればよかろうと、1日当たり1週当たりの労働時間をオンシーズンには長くオフシーズンには短く設定するのが変形労働時間制です。1日のうち定められた中心的時間には皆が揃って働き、それ以外は何時に来て何時に帰るかを各自が決めるのがフレックスタイム制です。フレックスタイムの例を図に示すと、図表－5のようになります。

図表－5 　フレックスタイム制

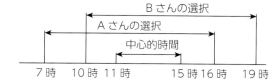

専門的な仕事や企画する仕事の担当者は時間配分を自分で決めてよいというのが裁量労働制です。その種の仕事では、毎日何時から何時までと区切るのが適切とは思えないからです。

　時間の柔軟化と並行して、場所の柔軟化も始まっています。会社に来ないで自宅で作業する在宅勤務制や、働く人に便利なところにオフィスを設けてそこに通うサテライトオフィス制がその例です。時間や空間を柔軟にすることにより、多様な働き方が可能になり、それまでは働くのが難しかった人も働けるようになります。

（2）報酬

　働く人は契約に基づいて労働サービスを提供し、見返りに報酬を受け

取ります。報酬と聞くと、私たちは月にいくらの給料だけを思い浮かべますが[7]、それ以外にもいろいろな形で報酬を得ています。会社側から見ればそれらは労働サービスを買うための費用で、これは人件費と呼ばれます。人件費の内訳を、総額を100とした割合と共に図に示すと、平均的には図表-6のようになります。

図表-6　人件費の内訳

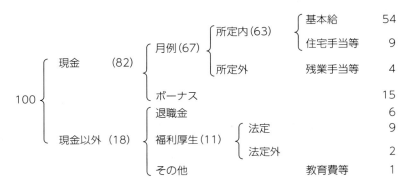

「当社の月給はｘｘ万円」と言われた時、それが月例賃金を指すのか所定内賃金を指すのか基本賃金を指すのか、確かめないといけません。「月例」は月ごとの意味で、月ごとに貰えるのはすべて月例賃金です。所定内とはそれだけは毎月決まって貰えるもので、手当も額が一定ならこちらに含まれます。月によって額が違う手当は所定外の方です。退職金は働いている間は貰えませんけれども、会社は最後にボンと払えるように毎月積み立てているのです。福利厚生費には、保険や年金など法律で定められている会社負担分である法定福利費と、従食や慰労会など会社が独自に従業員のために負担する法定外福利費とに分かれます。こうして見ると、基本給20万円の正社員1人雇うのに、会社はその2倍近い37万円（20÷0.54＝37）をかけているのがわかります。

日本では、基本給は年々上がって行くのが普通です。1年目は20万円だったのが翌年は20.5万円になり、その翌年には21万円になり、といった具合に昇給するのです。このシステムを年の功（ききめ）による

第7章
人的資源

給与、「年功給」制と言います。年が経てば仕事に慣れるだろう、家庭を持ったらお金がかかるだろう、の考えに基づく制度です。しかし、同じ仕事をしているのに単に年上というだけで多く貰えるのはおかしい、の考えがあり、では能力に応じて額を決めようという「能力給」が生まれました。更に、当人に能力があるかどうかではなく会社にどれだけ貢献したかが問題じゃないか、の考え方から、成果に応じて決めようという「成果給（業績給）」が現われました[8]。どれにも長所と短所があり、どれか1つでキレイサッパリとは行きません。そのため現在では、3つの考え方をミックスして、ボーナスを含めて給与体系を作り上げている会社が多くなっています。中では日本的な会社が年功給に、アメリカ的な会社が成果給に、それぞれ重点を置いているようです。

　次の節で説明がある人事考課の結果を受けて、通常は年に1回、年度初めに給与の改訂があります。改訂と言っても、成果給はともあれ、年功給や能力給では昇給が普通です。その1年で経験が増した分、能力が向上した分を給与に反映させるのです。これが定期昇給、略して定昇です。この他に、どういう人がどういう額を貰うかの基準（ベース）自体を全体的にアップすることもあり、それがベースアップ、略してベアです。これら賃金をめぐって春先に会社側と従業員側とが闘うのが春季賃金闘争、略して春闘です。

4.
評価と教育

　今度は労働サービスの質についての話です。質を測るのが評価、質の向上を目指すのが教育です。

（1）評価
　能力や成果は、測らなければなりません。私たちは小学校から大学ま

155

で、評価され続けて来ていますね。会社に入ってからも、評価は続きます。学校の評価は教育サービスの一環としてサービスを提供する側が行うのに対し、会社の評価は労働サービスの提供を受ける側が、ハッキリ言えば買う側がそのサービスの品質を測るわけですから、ずっとシビアです。サービスを提供する、その人を対象に評価はなされます。会社が行う評価を、人事考課と言います。

　会社が考課する目的は能力や実績を見究めて、昇給や昇進などの処遇・適した職場への配置・必要な教育による能力向上に結び付けることです。また、考課結果によって、「こういうことをするとプラスに評価され、こういうことをするとマイナスに評価されるんだ」と身にしみて理解させ、会社が望む方向に従業員を導く、極端に言えば改造するのも、目的の一部です。その意味では、人事考課自体が会社による教育の1つです。

　多くの会社で、考課は情動・能力・成果の3つについて行われます。「情動」とは、意欲は十分だったか・指示に素直に従ったかといった、気持と行動です。「能力」とは、何がどのくらい出来るのかという、備えている力量です。「成果」とは、何がどのくらい出来たのかという、実現した結果です。ヒラ社員など職位が低い人に関しては「情動」部分の比重が大きく、課長から部長へと職位が高くなるほど「成果」部分の比重が大きくなります。

　アメリカから輸入され、日本でも広まっているのが「目標による管理（management by objectives=MBO）」です。年度の初めに、上司と部下が相談してその部下の年間目標を立て、年度の終りにまた相談してその目標の達成具合を点検し、それでその人その年の評価を決める方式です。目標が上司からの押し付けではなく、評価が上司の一方的な判断ではなく、どちらも相談づくというところがミソで、これがヤル気を出させ、評価を納得させるモトだとされます。いろいろな部下がいる中で、他との比較上どのように公平性を保てるか、難しい制度です。

　人事考課は大抵の会社で年1回、上司によって行われます。たまたまその上司とソリが合わなかったり、上司がおかしな人だったりするといけないので、直接の上司が評価した（一次考課）後、そのまた上司が更

第7章
人的資源

に評価して（二次考課）、複数の目で見る体制をとります。二次考課の結果を持ち寄り、人事部が調整してその組織全体における評価を固める（最終考課）のが普通です。

　アメリカなどではブルーカラーには人事考課がなく、あるのはホワイトカラーだけです。日本では一般的にブルーカラーに対しても考課が行われます。

（2）教育

　働く人の能力は、その人が提供する労働サービスの質に直接に影響します。従業員の労働サービスの質は、会社の業績に大きく影響します。働く人の能力を向上させるには、教育訓練が欠かせません。経営にとって、教育は重要な課題です。会社が実施する教育の方法は3種類あります。

　第1は職場内教育、いわゆるOJT（on-the-job-training）です。配属した職場で、実務に即して、先輩が個別に指導する方法です。アルバイトでも初めて職場に出たら、何がどこにあってこれをこうしてと、手とり足とり誰かが教えてくれますね、あれです。どんな仕事でも、これをしないと話にならないので、多かれ少なかれ必ず行われます。第2が職場外教育、いわゆるOffJT（off-the-job-training）です。職場とは別の場所で、実務から離して、何人も一緒に講師が教える方法です。新入社員向けの新人研修・課長昇進者向けの管理職研修などの階層別教育、営業研修・会計研修などの分野別教育、語学研修・IT研修などの一般教育が含まれます。第3は自己啓発です。会社が直接するのではなく、英会話の夜間学校に通うとか簿記の通信教育を受けるとか、従業員が自分で手配し、会社は通う時間を考慮するとか費用の一部を補助するとか、それを支援します。

　これらを通じて、働く人は能力を伸ばして行きます。能力とは簡単に言えば知識と経験です。会社は従業員に仕事する上での知識を与え、経験を積む場を提供します。その意味で会社は優れた教育機関でもあります。

　能力には実は2種類あります。その会社でしか通用しない能力と、その会社以外でも通用する能力とです。そのファイルはどこそこにある、

157

その種のことは何課の誰さんに訊けばいいから始まって、その会社独自のやり方に基づくのが前者であり、他の会社では何の役にも立ちません。反対に、分析してプレゼンする力、部下を管理するノウハウをはじめ、何もその会社だけに限らないのが後者であり、違う会社に移っても十分に役に立ちます。前者は「その会社」に密着したはがせない能力、後者は「その人」に密着した持ち運べる能力です。転職の時代には、持ち運び可能な能力をつけておくのが大切です。ただし、転職せずにとどまる限りは、その会社からはがせない能力が大きな威力を発揮します。

5.
配置と異動

　　労働サービスの配置についての話です。会社は働く人の労働サービスを社内に適切に割り振り、最善と思われる配置によって業務を推進しなければなりません。割り振り配置するのはヒト、人材です。適切な人材を適切な場所に置く、即ち適材適所を目指します。

　　ヨーロッパやアメリカでは、初めから「そのポスト」に人を採用しますから、配置に問題はありません。しかし日本では一括採用が普通なので、その人をどの部門に配置するか、採用後に決める必要があります。採用面接の内容や新人教育での反応を参考に、あの人は販売この人は総務と割り振ります。これが初任配属です。

　　「そのポスト」のために採用されて社内ではずっとそこにとどまるのが原則の欧米とは異なり、日本では何年か後に所属部署が変わります。これが配置転換、略して配転で、住居まで移さなければならない遠くへの配転が転勤です。配転するのは、他のもっと向いた仕事を担当させる・違う仕事を与えて能力を伸ばさせる・長く同じ仕事をして意欲を失ったり不正を行ったりするのを防ぐ、などのためです。

　　ある部署のヒラから他の部署のヒラへ、あるいは課長から課長へと水

第7章
人的資源

平に動くのが配転であり、同じ部門のヒラから係長へ、あるいは課長から部長へと垂直に動くのが昇進です。ある部門のヒラから他の部門の係長へのように言わば斜めに昇進するケースもあります。これら異なる職務や職位への動きを「異動」と呼びます。「移動」ではありません。

会社の中だけでなく、子会社や関連会社や取引先会社など、会社の外への異動もあります[9]。元の会社に在籍したまま、別の会社に出向いて働く異動が出向です。元の会社が本籍地で、出向先が現住所みたいなものです。出向した人は一定期間が経つと、また異動で本籍地に戻ります。これに対して、本籍ごと移してしまうのが転籍です。転籍した人は元の会社とは縁が切れ、戻っては来ません。出向は往復切符、転籍は片道切符と言えます。

最近では異動に関して、当人の希望を取り入れる自己申告制や、会社が希望者を募集する社内公募制といった方法も見られますが、基本的には会社が決め、当人の希望は人事考課の際に聞き置く程度です。

6.
労使関係

働く人と会社とは労働契約で結ばれていますけれども、契約に書かれていないことや契約内容の解釈・運用・改善に関しては、両者で相談する必要があります。労働する側とその人を使う側、労と使の関係についての話です。

相談すると言っても、1人1人の従業員が会社とやりとりするのは非効率ですし、ヒラが社長と1対1で向かい合うのでは力関係が釣り合いません。そこで、働く側は団体になって、その代表が会社の代表と話し合います。この団体が労働組合です。日本では法律で労働者に3つの権利が与えられています。団体を作る団結権、使用者とネゴ出来る交渉権、スト出来る争議権の3つで、これがいわゆる労働3権です。

159

日本ではｘｘ自動車労働組合とかｘｘ電機労働組合とか、会社ごとに組合が作られるのが普通です。これを企業別組合と言います。日本の労働関係の特色は３つあり、１つは採用したら定年まで雇い続ける終身雇用制、もう１つは給料が年と共に上がって行く年功賃金制、そして最後の１つがこの、企業単位で成立している企業別組合だとされています。ヨーロッパやアメリカでは企業別の組合は滅多に見られず、殆どは産業別組合か職種別組合かです。同じ産業の人たちで作るのが産業別で、トヨタも日産もホンダも会社は関係なく、自動車産業で働く人ならみんなが仲間、というものです。同じ職種の人たちで作るのが職種別で、タクシーでもバスでもトラックでも、車を運転するのが仕事の人ならみんなが仲間、というものです。日本のように組合が会社ごとに出来ていると、両者が運命共同体的な感じを持ち、あまり徹底的な対立状態にはなりません。

　今はどの先進国でも組合の組織率が低下しており、日本では20％を割っています。つまり、働く人５人のうち組合に加入しているのは１人以下の状態です。組織率の高い製造業従事者が減って組織率の低いサービス業従事者が増えたこと、対象外になっている管理職や非正規労働者が増えたこと、などが背景にあります。また、非正規労働やフレックスタイムや在宅勤務などで働き方が多様化し、従って求めるものも多様化し、団体での統一的な要求にまとまりにくいという状況もあります。１人１人の個別のニーズ（needs＝ないと困るもの）やウォンツ（wants＝あると嬉しいもの）に、直接の上司なり人事部なりが日頃からキメ細かく対応がすることが、労使関係では重要になって来ています。

7.
多様性管理と国際的管理

　最後は現代的課題についての話です。大きく分けて、その１つは多様性の問題です。いわゆる非正規雇用、フレックスタイム、在宅勤務など、働き方が多様化しているのは前にも触れました。多様化は働き方にとどまらず、高齢者、障碍者、女性、外国人など、働く人そのものにも見られます。多様性管理（diversity management）が重要性を増しています。

　年金の支給開始年齢に合わせて、定年年齢は 65 歳になっています。その年齢を過ぎてまだまだ元気な人もたくさん居ます。少子高齢化が急速に進む中で、高齢者にどのように働いて貰うか。障碍者の法定雇用率は、58 人以上の会社で 1.8％以上です。500 人の会社なら、少なくとも 9 人の障碍者を雇う必要があります。その人たちにどのように働いて貰うか。日本の就業者に占める女性の割合は、ヨーロッパやアメリカに近い 40％台の前半にまで高まっています。男女雇用機会均等法以来の男女差別の撤廃を、更にどのように実質化するか。日本で働く外国人は、これまでの出稼ぎ型に加えて定住型が増加しています。仕事も身体労働だけでなく、頭脳労働にも広がっています。その人たちにどのような働き場を設けるか。これらが多様性管理の課題です。

　もう１つは国際化の問題です。日本にある会社が外国人労働者を受け容れるのも国際化ではありますが、外国に進出していわゆる多国籍企業となった日本の会社が直面する人的資源管理は遥かに複雑な様相を呈します[10]。取り扱う面は、これまでに見たような採用・解雇・労働時間・報酬・評価・教育・配置・異動・労使関係であり、違いはありません。しかし働くのは、現地の従業員と日本からの派遣員とそのどちらでもない国の人と、さまざまです。たとえば、日本に親会社があるタイの現地法人に中国人が雇われているようなケースです。それぞれマインドやライフスタイルが異なるそうした人々をまとめ上げなければなりません。そして働く場所もタイであり、日本や中国とは異なります。日本には日

本の法規制や習慣があり、タイにはタイの法規制や習慣があります。気候も違うし治安衛生も違います。同一の制度を同一のやりかたで運用しては、人的資源管理は成功しません。そうした条件下でどのような解決を見出すか、それが国際的管理の課題です。

コラム：市場価値と七五三現象

以下はラフな一般論です。

　大学4年生のアルバイト代は、平均で時給850円だそうです。フルタイムで1ケ月働いたとすると、850円 x 170時間として14万4,500円になります。その人の労働は、市場で約15万円の価値が認められているわけです。一方、現在の大卒正社員の初任給は、平均で約20万円です。（この章の本文の説明では、会社の負担は合計で37万円にもなります。）会社の仕事をまだ何も知らない、市場価値15万円の人に、なぜ会社はそれだけ支払うのでしょうか。

　それはその人の能力が、従って価値が、会社で働くうちに伸びるからです。給料も上がって行きますが、上がる角度が違うので、図表－7のような関係になります。何年か後、Aのポイントで市場価値線が会社給料線と交わり、それ以降は価値に比べて給料が低いという形に変わります。斜線の面積分を取り戻してからは、言わば会社の儲けです。A点以前の持ち出し分は、そのための投資です。

図表－7　市場価値と給料

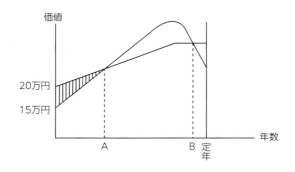

第7章
人的資源

　　能力の伸びもある程度の年数が経つと頭打ちとなり、やがて下降に転じます。給料もその頃にはそれ以上は上がらない仕組みにされていますけれども、Bのポイントを過ぎれば、会社の払い過ぎ状態に戻ります。このため会社は早期退職制などさまざまな方策によって、この状態の解消を図ります。

　　今では、中卒（高校を卒業しない）で初めて就職した人の7割が、3年以内にその職場を辞めています。高卒の場合は5割、大卒なら3割です。7割5割3割の、これがいわゆる七五三現象です。図表－7のA点が入社後何年目なのかは、人により会社により違います。しかし、3年ということはまずないでしょう。つまり、大卒が3年以内に辞めるのは、自分の市場価値に比べて貰い過ぎの間にそれを放棄することになります。次に就職する時は、新卒でなく中採（中途採用）扱いです。中採に対して会社は市場価値に見合う分しか払いません。転職した時に給料が前の会社より少ないのはこのためです。転職するならA点を越えてからにするべきでしょう。

■注

1）昔の学生は好んでドイツ語を使いました。彼らが学業の傍ら働くのをドイツ語のArbeit（仕事）と呼んだのが、日本語として定着しました。

2）この他に、メーカーなどにはホワイトカラーとブルーカラーの別もあります。バックオフィスで働く職員はワイシャツを着ていて襟（collar）が白いからwhite collar、生産現場で働く工員は作業服を着ていて襟が青いからblue collar、という区別です。最近ではこれに、女子職員を指すpink collarが加わりました。

3）職場のカラーは組織文化とも呼ばれます。組織文化については、「経営組織」の章を参照して下さい。

4）リストラはrestructuring（再び構成すること）の略で、環境の変化に対応して企業が構造を整え直すのが本来のリストラクチャリングですが、往々にして人員の削減を伴うところから、特に日本では「リストラ＝人員削減」と解釈されています。

5）経済的必要があれば、部門の縮小や廃止などによって、従業員側と相談せずに人員を削減できます。これをlay-offと言い、在籍期間の短い順に解雇します。業績が回復して採用を行う場合は、在籍期間が長かった順に再雇用

します。このためレイオフは一時帰休と訳され、純粋な解雇とは違うとされますけれども、一旦組織を離れたら別の職に就いているのが普通であり、戻ってくる人は多くありません。

6) たとえばフランスでは祝日は11日、有給休暇は週5日 x 5週分＝25日、働く時間は週に35時間と決まっているため、（365－52x2－11－25）x　7＝1575で、残業は年に数十時間という計算になります。月にしたら数時間ですね。また、有給休暇の取得率はほぼ100％であり、夏に4週間・冬に1週間、ドンと休むのが典型です。それが有名なバカンスです。病気の時は有給休暇を宛てたりせず、会社には単に「病欠」と届けます。

7) 給料には時間当たりいくらの時給（hourly wage）、月にいくらの月給（monthly salary）、近年ではそれに年にいくらの年俸（annual salary）などがあります。日本では正社員はすべて月給制のように思われていますが、アメリカなどではブルーカラーは時給制、ホワイトカラーは年俸制が普通です。

8) 造った分や売った分に応じて払う出来高払いの考え方は、「歩合給」として昔から日本にもあります。ただ、日本では「使用者は、労働時間に応じ一定額の賃金を保証しなければならない」ときめられているので、すべてを歩合給だけにすることはできません。

9) 子会社と関連会社については、「経営組織」の章を参照して下さい。

10) 多国籍企業については、「経営組織」の章を参照して下さい。

第7章
人的資源

■参考文献

人的資源管理について初めてまとまった勉強をしたい人には、次の本を推薦します。

上林・厨子・森田　共著	『経験から学ぶ人的資源管理』	有斐閣、	2010年
今野・佐藤　共著	『人事管理入門（第2版）』	日本経済新聞社、	2009年
佐藤・藤村・八代　共著	『新しい人事労務管理（第3版）』	有斐閣、	2007年
佐野陽子　著	『はじめての人的資源マネジメント』	有斐閣、	2007年
澤田・平澤・守屋　共著	『明日を生きる人的資源管理入門』	ミネルヴァ書房、	2009年
松本・金　共編著	『人事管理』	学文社、	2006年

もう少しレベルアップした勉強をしたい人には、次の本を推薦します。

奥林康司　編著	『入門人的資源管理』	中央経済社、	2003年
佐藤・佐藤　共編	『仕事の社会学』	有斐閣、	2012年
高木晴夫　監修	『人的資源マネジメント戦略』	有斐閣、	2004年

日本の人的資源管理について、英語で書かれたものとしては、次の本があります。

DEBROUX, Philippe "Human Resource Management in Japan: Changes and Uncertainties" Ashgate, 2003

OYABU, Takeshi "Work Behavior and Human Resource Management in Japanese Firm" Keio University Press, 2010

英語で人的資源管理一般を学びたい人には、次の本が日本でも手に入れやすいと思います。

MONDY, R.Wayne "Human Resource Management(10th ed)" Pearson, 2008

国際ビジネスにおける人的資源管理を学びたい人は、次の本の該当部分を読むといいでしょう。

江夏・桑名　共編	『理論とケースで学ぶ国際ビジネス（3訂版）』	同文舘出版、	2012年
田中孝明　著	『グローバルプロフェッショナルの基礎知識』	日経BP社、	2013年

第8章   Corporate Finance

企業財務

要約

　近年、コーポレートファイナンス（corporate finance）という用語がビジネス業界において定着しています。企業経営には、ヒト、モノ、カネ、情報が必要不可欠な経営資源とよく言われます。このなか、カネが特に重要で、企業経営はカネで始まり、カネで終わると言っても過言ではありません。

　企業のなかには、様々な部署があり、いろんな役職の人がいます。トヨタ自動車やユニクロのような大企業には、ファイナンス部門が設置されており、通常、最高財務責任者（chief financial officer, CFO）という肩書を持った人がその部門の責任者です。企業経営においては、どうしてファイナンスが重要なのか、また、CFOに対してどのような役割が求められ、その役割を的確に果たすためにどのようなコンセプトや技法が必要なのかについて、ここで考えてみましょう。

1.
キャッシュフローとカネの時間価値

　ファイナンスでは、カネが王様だとよく言われます。企業は、製品あるいはサービスを市場に提供し、これよってカネを受け取ります。一方、仕入れや従業員への給料、交通費、通信費などの諸経費の支払いのため、カネを払います。このように、企業にはカネが入ったり（cash inflow）、出たり（cash outflow）して流れています。これがキャッシュフロー（cash flow）と呼ばれます。また、インフローとアウトフローの差額のことを、ネットキャッシュフロー（net cash flow）と呼んでいます。キャッシュフローがスムーズに流れ、ネットキャッシュフローが継続的にプラスである限り、企業経営が安定し、持続的発展が可能となります。これほど、キャッシュフローが重要です。

　キャッシュフローの出所を追及すれば、利益にたどりつきます。しかし、利益とキャッシュフローと、金額は同じとは限りません。ベーシックアカウンティングの授業で習ったように、利益は収益から費用を差し引いて計算されます。ところが収益のなか、たとえば売上、代金の全額または一部は、販売した後に受け取るケースがよくあります。これは売掛金と言います。売掛金の増減によって利益とキャッシュフローの金額が異なります。もちろん、費用の後払いのケースもあります。費用のなかには、現金の支出が発生しないもの、たとえば減価償却費のようなものもあります。このように、費用が発生していてもキャッシュは支払っていない、あるいは収益として計上されているのにキャッシュを受け取っていないものが多々あります。これらは、利益とキャッシュフローの額が一致しなくなる原因となります。

　ファイナンスでは、キャッシュフローの計算が営業利益を出発点とします。そこから税金や減価償却費、設備投資、売掛金や買掛金、在庫など調整して計算されます。

> キャッシュフロー＝
> 営業利益＊（1－税率）+減価償却費－設備投資±運転資本の増減

（1）時間価値（time value）

10,000円の価値はいくらですか。この質問について、なんとなく違和感がありますね。しかし、どの時点での10,000円かによって確かに価値が異なります。

もし誰かがあなたに10,000円をあげると約束してくれるなら、それは嬉しいことでしょう。しかしそのお金は、今すぐに渡すのではなく、1年後に渡すと言ったら、すぐにもらえると思ったあなたはがっかりするでしょう。これは、あなたにとって現在の10,000円は1年後の10,000円より価値が高いと考えるからです。では、約束のなかみを少し変えます。もし1年間待っていれば、1年後に11,000、つまり1,000円を余分にもらえるとしたら、どうでしょう。迷いますか。もしどっちでもよいと考えるならば、あなたの頭の中には、現在の10,000円と1年後11,000円、価値が同じだということになります。

1年後の11,000円（future value, 将来価値）と、現在の10,000円（present value, 現在価値）は価値が同じというならば、両者の間にどういう関係が存在するかを考えてみましょう。簡単にいうと、このような関係です。

$$11,000 \quad * \quad \frac{1}{1 + 10\%} = 10,000$$

ここで、10%は割引率（discount rate）と言います。つまり、1年後の11,000円を10%の割引率を適用して計算すれば、現在価値が10,000円になります。

仮にこの11,000円が2年後のものだった場合、割引率10%を適用して現在価値に換算すると、9,091円となります。

$$11,000 \quad * \quad \frac{1}{(1+10\%)^2} = 9,091$$

このように、割引率 r 、そしてn年後の将来価値を現在価値に換算する際、以下のような計算式で計算すればよいです。

$$将来価値 \quad * \quad \frac{1}{(1+r)^n} \qquad r：割引率 \qquad n：期間$$

割引率rは、事業のリスクや資本コスト、期待利益率など様々な事情によって決定される。

ちなみに借金する際に支払う利息は、この割引率と似たものです。要するに借りる時期と返済時期の間（お金を借りている期間）を金で買うということです。これはお金の時間価値と言います。

（2）正味現在価値(net present value, NPV)

ファイナンスでは、この現在価値の考え方は非常に重要です。特に投資案件を評価する際に、投資した額と将来に見込まれる回収額の現在価値とを比較し、その正味現在価値がプラスか、それともマイナスかによって投資を実施するか否かが決定されることが多いのです。ここで１つの事例を用いて説明します。

Tony さんは、国際ビジネス学科の２年生でファイナンスを専攻しています。大学は郊外にあるが、多くの学生の実家は都市部にあります。学生は平日、大学にて寮生活を送り、週末に実家に帰るという生活パターンが多い。しかし都市部と大学との間の通学手段が限られていて、多くの学生が不便を感じています。そこでTonyは、通学送迎サービスを事業としてできないかと考えています。起業家精神が旺盛なTonyは、この事業を立ち上げるにあたって以下の投資情報を集めています。

初期投資：中古のバン５台を購入するため、＄75,000を投資する必要があります。購入資金は銀行から年利率８％で融資可能です。

減価償却：バンの耐用年数は3年、3年後の残存価額はゼロ、減価償却方法は定額法。

年間現金支出：初期投資のほか、事業運営の為、年間の現金支出は以下の通りです。

人件費	ガソリン代	メンテナンス	修理代	保険代	広告費	合計
48,000	16,000	4,300	5,000	5,200	2,500	81,000

年間現金収入：今後 3 年間、以下のような収益状況が予想される。

乗車人数	往復回数	運営週間数	乗車料金	台数	収益合計
6	10	30	12	5	108,000

これで、年間の損益状況は、以下の通りです。

収益			108,000
費用	現金支出	81,000	
	減価償却費	25,000	
		合計	106,000
利益			2,000

年間キャッシュフローの額は、このような計算式で計算されます。

$$\text{キャッシュフロー} = \text{利益} + \text{減価償却費}$$
$$= 2,000 + 25,000$$
$$= 27,000$$

年間キャッシュフローは 27,000 もあり、これで 3 年間の合計は 81,000 となり、初期投資の 75,000 を上回っています。しかし、この計算では、投資した時期とその後のキャッシュフロー回収時期の違いをまったく考慮していません。時間を軸にキャッシュフローの動きをみれば、このようになります。

現在	1年後	2年後	3年後
−75,000	27,000	27,000	27,000

投資した 75,000 ドルは、銀行から年利率 8% で借り入れたものです。これに伴う利息は、資本のコストと見なされます。この 8 % を割引率として 3 年間のキャッシュフローの現在価値を計算することになります。

$$\frac{27{,}000}{(1+8\%)^1} + \frac{27{,}000}{(1+8\%)^2} + \frac{27{,}000}{(1+8\%)^3} = 69{,}582$$

正味現在価値 ＝ 69,582 － 75,000

＝ － 5,418

　正味現在価値はマイナス 5,418 となり、したがって、この投資案は却下されます。

2.
資金調達方法

　企業経営にはカネが非常に重要な経営資源です。カネをどこから、どのように調達すればよいかは、経営者にとって常に考える大事なことです。では、カネの出所はどこでしょうか。ベーシックアカウンティングで習ったバランスシート（BS表）のことを思い出してみてください。借方に「資産」、貸方に「負債」と「株主資本」があります。「負債」には、借入金や社債など借入（Debt）があります。一方、株主資本（Equity）が所有者である株主が企業に投資したものです。お金に色がないと言われますが、企業経営に必要なカネを負債で調達するか、それとも株主から調達するかによって経営のあり方、ひいては企業の業績に大きな影響を与えます。

　負債は、経営状態がよいか悪いかに関係なく、決められた返済期限に、元本と利息を負債の提供者（債権者）に支払わなければなりません。それに対して株主資本は、提供者の株主が会社に対して出資額の返済を求めることができませんし、配当も保証されません。これだけをみると、カネを、負債より株主資本で調達した方が楽だと考えられます。しかし、世のなかの企業は、多かれ少なかれ負債を利用しています。それは、株主資本に比べ、負債のほうが手続きは簡単でしかも資本コストが安いというメリットがあるからです。

第8章
企業財務

（1）負債コスト

　多くの企業の損益計算書に「支払利息」という項目があります。それは、借入金や社債についてのコストです。借入金とは、一定の条件（期間や利率、担保の有無）で銀行から借りたもので、そのコストは利息です。たとえば、年利率5％で100万円を借りた場合、年間の利息は5万円です。一方、社債とは、企業が「借用証書」と似た「債券」を発行して投資家から借りたお金です。企業からみた場合、社債発行ができるならば、銀行の借入金より低い利率で資金調達ができ、メリットがあります。また、投資家の立場から見ると、社債から得られる利子収入は通常、銀行への貯金利息より高いので、魅力が感じられます。ただし、社債は銀行貯金よりデフォルトの可能性も高いです。

　社債コストは、発行方法や償還期限などによって変わります。ここで最も簡単な例を用いて説明します。

　A社は、額面額100万円、返還期限3年、年利率5％の社債を発行するとします。発行後は、1年後に利子5万円、2年後に利子5万円、そして3年後に利子5万円と元本100万円、計105万を社債購入者に支払うことになります。このような発行方法は、額面発行と言います。

　「額面発行」に対して、3年間の利子分だけを債券発行の時点で差し引いてから発行する方法もあります。それは「割引発行」と呼びます。さきの例で説明しますと、3年間の利子の金額に対して、5％の割引率を適用して計算した現在価値13万615円を差し引き、86万9385円で発行します。

　　　利子の現在価値　　　5 * 2.723 = 13.615（万円）

　　　発行価額　　　　　　100 - 13.615 = 86.385（万円）

　ちなみに、上記の2.723は、年金係数表で調べた数値です。

　社債発行が可能かどうか、また、どのような条件で発行できるかは、発行企業の事業内容や市場における信用状況などによります。信用状況に関しては、いくつかの格付け会社が企業の信用度を評価し、公表しています。海外に有名な格付け会社としては、Moody'sやS&P（Standard & poor's）などがあり、日本国内に「格付投資情報センター（R&I）」

などがあります。格付け会社によって基準が少々異なりますが、基本的にABCDで評価されます。一番信用度の高いランクはトリプルAで、以下はダブルA、シングルAと続きます。一般的にトリプルBまで投資適格とされます。信用度の高い企業は、より低いコストで社債発行が可能です。ちなみに、2013年4月、アップル社が年利率2%以下の利子率で、総額約170億ドルの社債を発行しました。資本市場においてアップルの評価は、トリプルAだったからです。

（2）株主資本コスト

　株主が会社のオーナーであり、企業に対して利息の支払いを求めません。このことから、株主資本にコストがかからないという考え方もあります。しかし考えてみると、多くの株主は、出資目的が投資であり、当然、配当や株価の上昇などの金銭的リターンを期待します。その期待に応えられないとなれば、株式での資金調達ができなくなります。こういう意味で、株主が期待するリターンは株主資本コストと考えるのが常識といえます。

　それでは、株主資本コストはどのように計測されるのでしょうか。

　まず、投資者の立場から、リターンを得るため、どのような投資選択があるかを考えてみましょう。

リスクフリーの国債

　数多くの投資選択のなか、国が発行する国債はもっとも安全な投資対象、いわゆるリスクフリー証券です。ただし、このリスクフリー証券からのリターンが、やはり一番低いです。ローリスク・ローリターンの論理から考えれば、当然のことです。ちなみに、日本の国債10年ものの金利は0.509%（平成26年9月2日現在）です。

リスクプレミアムの株式市場投資

　リスクフリーの国債から得られるリターンが低いからいやだと考えるならば、多少リターンの高い株式市場に投資するのも1つの選択肢です。東京証券取引所に上場している会社は3000社以上、そのなか、業績の良い会社もあれば、そうでない会社もあります。すべての上場企業の株

式を少しずつ購入するのは非現実なことですが、よさそうな企業の株式だけを購入するのが合理的でしょう。それでも当たり外れがあります。リスクを広く分散しようとする投資者は、東証株価指数（TOPIX: トピックス、東京証券取引所市場第1部に上場している大企業の株式すべてに投資した場合の投資リターンを示す指数）に投資します。この東証株価指数のここ10年間のリターンは5%から7%程度という結果です。平均的に6%とみてもよいです。これは、リスクプレミアムと言います。このように考えると、株式に投資した場合は、平均的に6.5%（6.0%+0.509%）のリターンが期待できます。

ベータ値

　個別の株式に投資した場合、そのリターンがどのように求められるのでしょうか。

　まず、その会社のリスクレベルがどの程度のものかを調べる必要があります。

　ファイナンスでは、個別企業のリスクレベルについて、β値（ベータ値）で測定します。

　ここでアパレル業界の大手ユニクロ社を例として、そのβ値を計算してみます。

　次の表は、2013年8月から2014年7月までの12か月分トピックスと同じ時期のユニクロ株価の一覧表です。リターンは、前の時期の数値に比べどれだけ変動したのかをパーセンテージで示したものです。たとえば、ユニクロの2013年9月のリターンは、以下のように計算したのです。

$$(36{,}850-31{,}900)／31{,}900　＊100\%＝15.52\%$$

図表－1	ユニクロおよびトピックスのリターン計算表			
日付	ユニクロ終値	リターン	トピックス終値	リターン
2013年　8月	31,900		1,106.05	
2013年　9月	36,850	15.52%	1,194.10	7.96%
2013年　10月	32,850	-10.85%	1,194.26	0.01%
2013年　11月	38,800	18.11%	1,258.66	5.39%
2013年　12月	43,400	11.86%	1,302.29	3.47%
2014年　1月	38,110	-12.19%	1,220.64	-6.27%
2014年　2月	35,050	-8.03%	1,211.66	-0.74%
2014年　3月	37,435	6.80%	1,202.89	-0.72%
2014年　4月	31,770	-15.13%	1,162.44	-3.36%
2014年5月	33,590	5.73%	1,201.41	3.35%
2014年6月	33,330	-0.77%	1,262.56	5.09%
2014年7月	34,405	3.23%	1,289.42	2.13%

　そして、トピックスのリターンを横軸に、ユニクロのリターンを縦軸にして、以下のような散布図を作成します。散布図にある直線の傾きが示したように、トピックスのリターンが1%上昇（下落）すれば、ユニクロのリターンが約2.25%上昇（下落）します。すなわち、ユニクロのリターンの変動の幅は、株式市場全体の約2.25倍という事です。この2.25という数値はユニクロ社のβ値と呼びます。ただしこの計算に使っているデータは12か月分だけで、比較的に短い期間のため、誤差があります。通常、60か月分を使っています。

　ユニクロに投資する投資家から見れば、その会社のリスクは株式市場全体の2倍以上です。当然のことながら、彼らは2倍以上の投資プレミアムを求めます。したがって、ユニクロの株式資本のコストの推測値は、以下の通りです。

＝　リスクフリー・レート＋　β　＊　株式市場リスクプレミアム
＝　0.59%　＋　2.25　＊　6%　＝14.04%

図表－2 ユニクロおよびトピックスのリターンの散布図

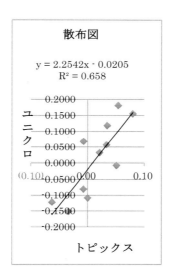

　この計算式は、ファイナンスでは資本資産評価モデル（capital assets pricing model, CAPM）と呼んでいます。

（3）加重平均資本コスト

　上で述べたように、経営に利用している資本は、負債と株主資本で構成されます。また、いずれの資本にもコストがかかっています。それでは、トータルの資本コストはどのように計測するのでしょうか。

　トータル資本コストは、負債コストと株式資本コストに、それぞれの割合を乗じて計算されます。割合を考えているから、「加重平均資本コスト」（weighted average capital cost, WACC）と呼びます。

　加重平均資本コスト
　　＝負債の割合＊負債コスト＊（1－税率）＋
　　　株主資本の割合＊株主資本コスト

　負債コストは、営業費用に計上されるので、その分、税額が安くなります。

負債はdebt、株主資本はequityと表現するから、それぞれの割合は、以下のように表示されることもあります

負債の割合：　　D／（D＋E）

株主資本の割合：　　E／（D＋E）

加重平均資本コストは、正味現在価値の計算でよく使われています。

3.
資本構成

　資本構成とは、資本総額のうち、負債と株主資本の、それぞれの割合のことを意味します。負債が少なくあるいは負債は全くない企業もあれば、負債の多い企業もあります。学生諸君は、負債について多少マイナスなイメージをもっているかもしれませんが、企業経営では、負債は必ずしも悪いことではありません。

　負債のメリットは、少なくとも、2つあります。

　1つは、負債を利用して、本来、株主資本だけでは行えない事業を行うことができます。その事業が順調に行われ利益が計上されれば、株主資本利益率（return on equity, ROE）を高めることができます。このことは、テコの原理を連想させ、レバレッジ効果（leverage effect）と言います。負債のもう1つのメリットは、節税効果です。負債のために払う利息は、経費として計上し、その分、納税額が減少し税金が安くなります。

　負債のメリットだけを考えれば、企業はどんどん借金した方が有利と思いがちです。しかし、負債が増え、利息負担が重くなり、経営基盤が不安定になる恐れもあります。今まで、経営破たんした企業は、どれも負債が多くて返済ができなくなった結果です。

　このように、負債と株主資本のバランスを考えながら、最適な資本構成を模索することがとても重要なことです。

第 8 章
企業財務

図表－3　資本構成のイメージ図

A社		B社		C社	
資産 100	株主資本 100	資産 100	負債 40 / 株主資本 60	資産 100	負債 80 / 株主資本 20

（A社：資産100・株主資本100／B社：資産100・負債40・株主資本60／C社：資産100・負債80・株主資本20）

　ここで、1つの計算例をつかってこの問題を検証します。

　たとえば、同じ業界に同じ規模をもったA社、B社とC社は、それぞれ異なる資本構成で経営を展開しています。A社はまったく負債しないで、いわゆる無借金経営であり、C社は、資本の80％を借金に頼っています。そしてB社は、両者の中間にあります。

　この計算で負債の利息率が10％、税率が40％あるとします。

　もし業界全体が好景気で、総資本営業利益率は20％があるとしましょう。これで3社の最終的な業績であるROEは、以下の通りです。

図表－4　3社の業績比較：営業利益率20％

	A社	B社	C社
営業利益	200,000	200,000	200,000
支払利息	0	40,000	80,000
税引き前利益	200,000	160,000	120,000
税金	80,000	64,000	48,000
当期純利益	120,000	96,000	72,000
ROE	12%	16%	36%

　上の表で示したように、無借金経営のA社は支払利息がゼロ、支払う税金は最も多くで80,000でした。一方、最も負債額の多いC社は、80,000の利息も払ったが、税金は少なくて済んでいます。そしてROEをみますと、A社の12％に対して、C社はその3倍の36％も稼いでい

ます。

　景気の良い時、負債の多いＣ社はレバレッジ効果を発揮し、高い
ROEを享受できます。しかし景気がいつも良いとは限りません。もし
業界の景気が落ち込んだ時、たとえば、総資本営業利益率が5%しかな
い時には、3社のROEは以下のようになります。

図表－5　3社の業績比較：営業利益率5%

	A社	B社	C社
営業利益	50,000	50,000	50,000
支払利息	0	40,000	80,000
税引き前利益	50,000	10,000	-30,000
税金	20,000	4,000	-12,000
当期純利益	30,000	6,000	-18,000
ＲＯＥ	3%	1%	-9%

　Ｃ社は、稼いだ営業利益が50,000に対して、支払う利息の額は
80,000もありました。これで税引き前利益の段階で、30,000の赤字が
計上せざるを得ませんでした。

　このように、負債の多いＣ社は、景気の良い時に、レバレッジ効果が
効いてより高いROEが得られました。ところが景気が低迷すると、支
払利息が大きな負担となり、いっきに業績が悪化する危険性があります。
つまり、景気の良し悪しに左右されやすいです。一方のＡ社は、景気が
良くても悪くても、ROEはそれほど急変しません。つまり、経営の安
定性が保たれます。負債が多い方が有利か、少ない方が有利かは、一概
に言えません。

　資本構成と総資本営業利益率、ROEとの関係は、この図表で示され
ます。

第 8 章
企業財務

図表−6 資本構造と、営業利益率・ＲＯＥとの関係

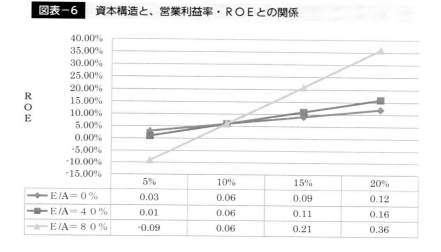

4.
最適資本構成

　企業にとって、最も理想的な資本構成が存在するのでしょうか。これについての議論は、数十年も続いていたが、結論は出ませんでした。ところが、1958 年、「完全市場においては、資本構成は企業価値に影響を与えない」と主張する学者が現れました。フランコ・モジリアニとマートン・ミラーの２人でした。この２人の論説は、「MM命題」と呼ばれます。MM 命題が強調したのは、企業の価値が事業そのものの価値で決められ、負債を多くしようか株主資本を増やそうかのような、資本構成の変化で変わるものではないということでした。この命題を説明するため、「ピザの切り方」を例えとして取り上げています。ピザのサイズ（ＬまたはＭ）が一旦決まれば、４つに切ろうとも８つに切ろうとも、トータルは変わりません。ただしこの命題が成り立つためには、「完全市場」という大前提が必要です。

　「完全市場」とは、完璧に機能する市場ということです。以下のよう

181

な要件が充足していると言われます。

　取引コストがない

　市場への参入障壁がない

　税制は存在しない

　現実の経済社会には、このような資本市場は存在しえません。言い換えれば、資本市場は不完全なものです。こういう意味で、企業には、その企業にとってもっとも現実的かつ理想的な資本構成がどこかに存在するはずです。企業経営者には、自社がおかれている経営環境や、事業の将来性、リスクレベルなどを全般的に考慮し、最適な資本構成を構築することが求められます。

5.
財務投資のリスクとリターン

　ファイナンスでは、企業がいかに理想的な資本構成を維持しながら、低コストで資本を調達し、調達した資本を効率的に運用するかが大切です。資本運用とは、おカネをどこへ、そしてどのように投資するかのことです。企業の投資選択に事業への投資と財務投資があります。ここで財務投資について述べます。

　財務投資は、一般に有価証券への投資を意味します。

　証券投資の場合、運が良ければ儲かりますが、損することもあり得ます。その損得は、宝くじと同様、事前にはわかりません。事前にわからないからリスクがあると言います。リスクのあるものに投資した場合、次の2つのことを銘記しなければなりません。1つは、ハイリターンを期待するならば、ハイリスクを覚悟する必要があります。もう1つは、投資先を分散することでリスクを低減させることができるということです。また、投資決定は、これからのことについての決定なので、予測情報に基づいて行うことになります。

第8章
企業財務

分散投資は、ファイナンスではポートフォリオ論理とも呼ばれます。ここでポートフォリオについて説明します。

証券市場では、株式をはじめ、国債、社債、外貨為替など様々な証券があります。問題を簡素化するため、ここに証券Aと証券Bの2つに絞ります。

証券Aまたは証券Bに投資する場合、どのぐらいの収益率が得られるかは、経済状況によります。景気が良ければ証券Aの収益率が20％と予想されています。ただし、好景気という状況が出現すうる確率が25％です。もちろん、「景気が普通」または「景気が良くない」の状況が出現する可能性もあります。仮に、証券Aと証券Bについて、以下のような予測情報があるとします。

経済状況	確率	証券A収益率(%)	証券B収益率(%)
好景気	25%	20	−10
普通	50%	10	30
不景気	25%	−4	4

（1）期待収益率：リターンの測定

証券Aまたは証券Bに投資した場合、どのぐらい収益率が期待できるのでしょうか。おこりうるすべての状況を想定し、それぞれの確率と予想収益率とを掛け合わせ、合計して「期待収益率」が算出されます。

これで、証券Aと証券Bの期待収益率は、それぞれ9％と13.5％となります。

証券A期待収益率の計算

経済状況	確率	証券A収益率(%)	確率 X 収益率
好景気	25%	20	5
普通	50%	10	5
不景気	25%	−4	−1
証券A期待収益率			9

証券B期待収益率の計算

経済状況	確率	証券B収益率(%)	確率 X 収益率
好景気	25%	−10	−2.5
普通	50%	30	15
不景気	25%	4	1
証券B期待収益率			13.5

183

（2）分散と標準偏差：リスクの測定

　期待収益率だけで判断すると、証券Aより証券Bのほうが有利です。しかし投資選択はリターンだけで判断するわけではありません。リスクを検討する必要もあります。それでは、リスクをどのように測定するのでしょうか。

　リスクは、各投資選択の分散および標準偏差で測定されます。

　まず、分散について説明します。

　証券Aについては、予想される将来経済状況の確率のもと、それぞれの予想収益率と期待収益率の差の2乗を算出し、合計します。

$$25\% \times (20-9)^2 + 50\% \times (10-9)^2 + 25\% \times (-4-9)^2 = 73$$

そして標準偏差は、分散の平方根で求めます。

$$標準偏差 = \sqrt{73} = 8.54$$

証券Aの分散と標準偏差の計算

経済状況	確率	証券A収益率(%)	偏差の2乗
好景気	25%	20	30.25
普通	50%	10	0.5
不景気	25%	−4	42.25
証券A期待収益率			9%
偏差の2乗合計(分散)			73
分散の平方根(標準偏差)			8.54

同様の方法で証券Bの分散と標準偏差は、以下のように計算されます。

証券Bの分散と標準偏差の計算

経済状況	確率	証券A収益率(%)	偏差の2乗
好景気	25%	−10	138.0625
普通	50%	30	136.125
不景気	25%	4	22.5625
証券B期待収益率			13.5%
偏差の2乗合計(分散)			296.75
分散の平方根(標準偏差)			17.23

証券Aと証券Bのリターンとリスクは、以下の通りです。

第8章
企業財務

証券A，証券B期待収益率と標準偏差

	期待収益率	標準偏差
証券A	9%	8.54%
証券B	13.5%	17.23%

（3）共分散と相関係数の測定

証券Bは、証券Aに比べ、「ハイリスク、ハイリターン」と言えます。

普段、投資者は、投資選択をする際、証券Aのみあるいは証券Bのみの選択はしません。むしろ、投資額の一部を証券Aに、残りを証券Bといった具合で、組み合わせして投資するのが一般的です。この投資先の組み合わせは「ポートフォリオ」と言います。この場合、両者の間にどのような関係が存在するかを調べる必要があります。

両者の関係を示す数値は、「共分散」といいます。

共分散の算出方法は、以下の通りです。

証券A,証券B共分散の計算

1. 各経済状態のもとでの証券A,証券Bの偏差を掛け合わせ、また、その確率と掛け合わせる。
   例：好景気の場合： 25% X （20-9） X （-10-13.5) = -64.625
   同様の計算方法により、景気が普通の場合： 8.25、 不景気の場合： 30.875
2. 各経済状況での数値を合計すると -25.5

共分散を算出した後、それに基づいて両者の相関係数を調べることができます。

証券Aと証券Bの相関係数は、このような計算式で求められます。

$$\frac{共分散}{Aの標準偏差 * Bの標準偏差} = \frac{-25.5}{8.54 * 17.23} = -0.17$$

相関係数の数値は、—1から＋1の間にあります。この数値がゼロの場合は、両者の間に関連性がないということです。では、このマイナス0.17という数値をどう読み取ればよいでしょうか検証してみましょう。

185

たとえて言うならば、Aという人が南に向かって100メートルを歩いているのに対してBという人は、逆方向の北に向かって17メートルを歩いたということです。両者は逆方向で動いているが関連性がそれほど強くありません。

(4) ポートフォリオ

　財務投資の観点からみると、動きが逆方向の証券に分散して投資した方が、リスクを低減させ、一定のリターンを確保できます。下の図表で示したように、すべてを証券Bに投資した場合、期待利益率がもっとも高いが、リスクも大きいです。証券Aを取り入れたことで、期待収益率が下がるが、リスクはだいぶ軽減できます。したがって、合理的な投資者は、たいていBと☆の間（フロンティア）のどこかに、効率的なポートフォリオを組みます。一方、☆とAの間は、非合理的なエリアとなります。

図表－7　ポートフォリオのリターンとリスク

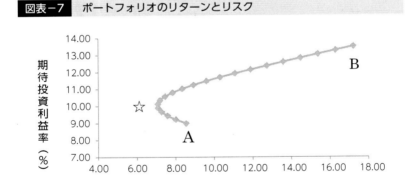

■参考文献

　Brealey, R. A., S. C. Myers and F. Allen (2011), Principles of Corporate Finance, 10th edition, Irwin McGraw-Hill.
　山本一彦編著、『超入門　企業価値経営』中央経済社　2011年

第9章   Financial Accounting

財務会計

要 約

　会計はその利用目的から大きく財務会計と管理会計に分けられます。財務会計とは、企業外部の利害関係者を念頭においた会計であり、外部報告会計ともいわれてきました。管理会計は、企業内部の管理者を念頭においた会計です。本章では、財務会計の制度およびそれがもたらす会計情報について紹介します。また、具体的な企業を取り上げ、財務諸表を用いた企業分析について紹介します。

1.
財務会計

（1）会計の種類

　会計とは、経済主体が営む経済活動を測定・報告する行為です。会計は経済活動および関連する経済事象を、主に貨幣単位で記録し、その後に分類・集計を通じて、貸借対照表、損益計算書、キャッシュフロー計算書などの財務諸表に要約・統合します。

　会計は、経済主体の相違に応じて、家計、企業会計、公会計、社会会計に分類されます。家計とは個人または家が行う経済活動を対象とする会計です。お母さんが毎日の買い物などを家計簿につける行為も家計に当たります。

　企業会計とは、株式会社などの企業が行う経済活を対象とする会計です。企業は材料を仕入れ、製品を作り、それを販売するといった様々な経済活動を行っています。本章では、企業のなかでも営利企業の経済活動を測定・報告する会計を扱います。

　公会計は国、地方自治体、行政機関が行う経済活動を対象とする会計です。また、社会会計は、国全体を1つの経済主体とみなし、その経済活動を対象とする会計です。この意味において、社会会計は、上述した家計、企業会計、公会計と種を異にします。会計、企業会計、公会計が個別の経済主体の経済活動を対象とすることからミクロ会計とよばれ、一方で社会会計をマクロ会計とよばれます。

第 9 章
財務会計

図表−1 経済主体による会計の分類

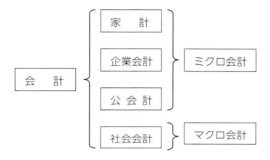

(出典) 広瀬 (2014、3頁) の図表 1−1 を一部修正。

　企業会計は、報告対象に基づき財務会計と管理会計の 2 つに分類されます。財務会計とは、企業外部の利害関係者を念頭においた会計であり、外部報告会計ともいわれます。管理会計は、企業内部の管理者を念頭においた会計です。

　管理会計が経済活動を測定・報告するシステムデザインを企業ごとの利用目的に合わせて決められるのに対して、財務会計は「企業会計原則」、「連結財務諸表原則」などの慣例規範はもちろん、「会社法」、「金融商品取引法」などの強制規範によって規制されます。

図表−2 利用目的による企業の分類

（2）会計の機能

　財務諸表などを作成・公表する財務会計は意思決定支援機能と利害調整機能があるといわれています。意思決定支援機能とは、投資家、融資者をはじめとする多くの利害関係者がおこなう様々な意思決定を支援する機能のことです。例えば、投資家は将来の収益性を分析するために会計情報を利用し、ある株式を買うか、売るか、あるいは持ち続けるかを

決定します。また債権者は返済能力などを判断するために会計情報を利用し、自己資金の貸付けを行うか否かなどを決定します。

利害調整機能とは、多くの利害関係者の間で生じる利害対立を緩和・解消する機能のことです。債権者の保護を目的とする配当規制は会計の利害調整機能の一例です。出資者である株主はより多くの配当を受け取ることを望むことが大きでしょう。しかし、有限責任しか負わない株主への会社財産の払い戻しは債券価値を毀損する恐れがあります。そこで、債権者が貸付けを行う際に会計情報を用いて財産の内部留保についての条件を課すことがあります。また、図表－3は、企業を取り巻く重要な利害関係者を表しています。彼らと企業の関わりは、会計の経済的な役割を理解するうえでとても重要です。

図表－3　契約集合としての企業

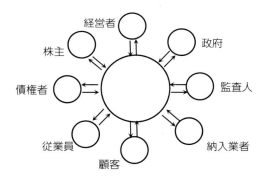

(出典) 山地 (1998、18頁) の図2.1を一部修正。

---

2. 会計公準

(1) 会計公準

会計を行う上で、最も基礎的前提を会計公準といいます。一般に認められた現実の会計から、企業実体の公準、継続企業の公準、および貨幣

的評価の公準が帰納的に抽出されています。

（2）企業実体の公準

　この公準は、会計という行為を行うために会計単位が設定されるという前提です。この公準により、企業会計は企業に帰属する資産、負債、および資本のみを記録します。企業実体には法的実体と経済的実体とがあり、法的実体別に作成される個別財務諸表と、経済的実体別に作成される連結財務諸表があります。

（3）継続企業の公準

　この公準は、企業が半永久に経済活動を継続するという前提です。この公準により、費用配分の原則が導かれ、減価償却という手続きが行われるのです。その一方で、人為的に区切られた期間ごとに財務諸表を作成することで、企業の利害関係者に経営成績と財政状態を示します。

（4）貨幣的評価の公準

　この公準は、会計の記録、測定および伝達が貨幣額によって行われるという公準です。貨幣単位を用いることで、企業のさまざまな経済活動を統一的に、記録、測定および伝達することが可能となります。

　これらの公準は、合理的で一貫性のある会計処理を導くための会計上の公理であり、現実の会計において暗黙の同意事項として認識されているものです。そのため、会計公準は会計基準および会計処理と強く結びついています。

　ここでは、具体例として減価償却をとり上げ、会計処理と会計公準の関係を確認しましょう。減価償却を行う会計処理手続きである定額法、定率法は、継続企業の公準に支えられている。

図表−4　会計公準と会計基準の関係

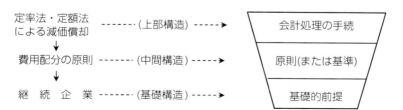

図表－4のとおり、定額法・定率法などの減価償却という手続は費用配分の原則に支えられており、また費用配分の原則は企業が継続するという基礎的前提（継続企業の公準）に支えられています。

3.
企業会計制度

日本の会計制度は会社法と金融商品取引法によって主に規制されています。今日では、会社法および金融商品取引法の会計事項は実質的に一元化されています。ただし、開示規制と配当規制には両者の相違が存在し、それは法の趣旨の相違に起因しています。

（1）会社法会計

会社法は、会社の商事に関する法律であり、債権者および出資者（株主）の保護を目的としています。したがって、会社法会計は債権者および出資者に対して、経営者の受託責任の遂行状況や会社の弁済能力ないし配当能力を把握するのに役立つ情報を開示します[1]。

会計法により作成が要求される財務報告書は計算書類と呼ばれます。計算書類は、①貸借対照表、②損益計算書、③株主資本等変動計算書、および④個別注記表から構成されます。

会社法の計算書類
①貸借対照表
②損益計算書
③株主資本等変動計算書
④個別注記表

株式会社は、これらの計算書類の他に、事業報告書およびこれらの付属明細書を作成した上で、計算書類の監査を受ける必要があります。

第9章
財務会計

（2）金融商品取引法会計

　金融商品取引法は、金融商品の発行市場と流通市場に関する法律であり、投資家保護を目的としています。したがって、金商法会計は株主、潜在的な将来の投資家に対して、会社の収益性や成長性、そして企業集団の業績といった投資意思決定に役立つ情報を開示します。

　金融商品取引法で作成を要求される財務報告書は財務諸表と呼ばれ、①貸借対照表、②損益計算書、③キャッシュフロー計算書、④株主資本等変動計算書、および⑤付属明細書から構成されます。

　　金融商品取引法の財務諸表
　　①貸借対照表
　　②損益計算書
　　③キャッシュフロー計算書
　　④株主資本等変動計算書
　　⑤付属明細書

　有価証券報告書等に含まれる財務諸表の作成方法については、内閣府令の「財務諸表等規則」、「連結財務諸表規則」などに定められています。

4.
財務諸表

（1）貸借対照表

　貸借対照表は一定時点における企業の財政状態を明らかにするために作成される財務表です。貸借対照表の左側（借方）に「資産の部」が記載され、その右側（貸方）に「負債の部」および「純資産の部」が記載されます。貸借対照表の「資産の部」は資金の運用形態を、また「負債の部」と「資本の部」は資金調達源泉を表します。後述する区分基準に従えば、連結貸借対照表の表示区分は、図表－5のとおりです。

　資産および負債の項目は、一般に「流動性配列法」あるいは「固定性

193

| 図表－5 | 連結貸借対照表 |

	資産の部	流動資産	負債の部	流動負債
				固定負債
		固定資産	純資産の部	株主資本
				その他包括利益累計額
				新株予約権
		繰延資産		非支配株主持分

配列法」に従って配列されます。流動性配列法に従えば、資産の部は流動性が高い、すなわち現金ならびに現金化が容易な順に上から下へと並べられ、負債の部はその返済期間が短いものから順番に並べられます。一方で、固定性配列法に従えば、その逆に並べられます。

　このように配列された資産の部および負債の部は、さらに流動性を基準に流動資産および固定資産と流動負債および固定負債とに分けて表示されます。流動・固定を区別するための基準として、「正常営業循環基準」と「1年基準」があります。

　正常営業循環基準とは、企業の実際の営業プロセスである「現金→棚卸資産→売上債権→現金」というサイクルにおける資産や負債を、それぞれ流動資産と流動負債とする基準です。1年基準は貸借対照表の作成日の翌日から起算して1年以内に回収される資産を流動資産とし、1年以内に支払期限が到来する負債を流動負債とする基準です。会計実務では正常営業循環基準が主に用いられ、それを補足するために1年基準が採用されています。

　また純資産の部は、「株主資本」、「その他包括利益累計額」、「新株予約権」、「少数株主持分（非支配株主持分）」から構成されます。

　図表－6はANAホールディングス株式会社（以下、ANAという）の第64期（2013年4月1日から2014年3月31日）の有価証券報告書に

第9章
財務会計

図表-6 連結貸借対照表（ANAの場合）

単位：百万円

資産の部	2013/3/31 現在	2014/3/31 現在	負債の部	2013/3/31 現在	2014/3/31 現在
流動資産			**流動負債**		
現金及び預金	86,459	28,972	支払手形及び営業未払金	158,226	179,848
受取手形及び営業未収入金	120,536	142,148	短期借入金	250	153
有価証券	333,134	344,162	1年内返済予定の長期借入金	110,589	169,003
商品	5,587	7,064	1年内償還予定の社債	20,000	10,000
貯蔵品	49,887	56,855	リース債務	11,762	9,592
繰延税金資産	27,581	17,331	未払法人税等	7,246	10,390
その他	95,093	99,970	繰延税金負債	100	—
貸倒引当金	△577	△236	賞与引当金	22,436	24,391
流動資産合計	717,700	696,266	独禁法関連引当金	116	116
固定資産			資産除去債務	699	763
有形固定資産			その他	126,963	169,691
建物及び構築物（純額）	105,125	101,504	流動負債合計	458,387	573,947
航空機（純額）	842,109	863,800	**固定負債**		
機械装置及び運搬具（純額）	19,860	24,608	社債	105,000	125,000
工具、器具及び備品（純額）	8,120	8,478	長期借入金	621,806	499,022
土地	52,826	50,999	リース債務	27,727	21,998
リース資産（純額）	22,822	17,165	繰延税金負債	1,701	2,322
建設仮勘定	145,500	156,560	賞与引当金	2,359	2,172
有形固定資産合計	1,196,362	1,223,114	退職給付引当金	130,790	—
無形固定資産	66,828	72,618	役員退職慰労引当金	357	433
投資その他の資産			退職給付に係る負債	—	181,101
投資有価証券	68,483	82,927	資産除去債務	801	729
長期貸付金	4,487	4,462	その他	15,214	15,592
退職給付に係る資産	—	45	固定負債合計	905,755	848,369
繰延税金資産	48,187	66,714	負債合計	1,364,142	1,422,316
その他	34,754	27,253	**純資産の部**		
貸倒引当金	△1,227	△1,074	**株主資本**		
投資その他の資産合計	154,684	180,327	資本金	318,789	318,789
固定資産合計	1,417,874	1,476,059	資本剰余金	281,969	281,955
繰延資産合計	1,668	1,282	利益剰余金	150,663	155,820
			自己株式	△1,898	△6,330
			株主資本合計	749,523	750,234
			その他の包括利益累計額		
			その他有価証券評価差額金	4,693	10,201
			繰延ヘッジ損益	12,705	15,350
			為替換算調整勘定	△184	453
			退職給付に係る調整累計額	—	△30,168
			その他の包括利益累計額合計	17,214	△4,164
			少数株主持分	6,363	5,221
			純資産合計	773,100	751,291
資産合計	2,137,242	2,173,607	負債純資産合計	2,137,242	2,173,607

掲載された連結貸借対照表を加筆修正したものです。ANAの連結貸借対照表からもこれらの構成が確認できます。

（2）損益計算書と包括利益計算書

　損益計算書は一定期間の企業の経営成績を明らかにするために作成される財務表です。この目的を達成するために、損益計算書は一定期間に属するすべての収益、これに対応する費用、および特別損益項目を加減して当期純利益を計算します（企業会計原則、損益計算書原則第一）。

　包括利益計算書は、当期純利益にその他の包括利益の内訳項目を加減して包括利益を表示する。また「その他の包括利益」とは、包括利益のうち当期純利益含まれない部分をいいます（企業会計基準第25号6項）。

　包括利益を表示する計算書には、2計算書方式と1計算書方式の2種類があります。2計算書方式は、損益計算書において当期純利益を計算し、包括利益計算書において当期純利益にその他包括利益の内訳項目を加減して包括利益を計算する方法です。一方で、1計算書方式は、損益計算書と包括利益計算書の計算を組み合わせて、1つの計算書のなかで当期純利益と包括利益を計算する方法です。

　損益計算書では、営業利益計算区分、経常利益計算区分、純利益計算区分の3つの段階に収益と費用が区分されます。さらに、包括利益計算書では、包括利益が計算されます。

　営業利益計算区分では、営業活動から生じる損益が記載され、営業利益が計算されます。経常損益計算区分では営業損益の結果を受けて、営業活動には当たらない財務活動などの原因から生じる損益であって特別損益に属しないものが記載され、経常利益が計算されます。さらに、純損益計算区分では、経常損益の結果を受けて、損益計算の結果を受けて特別損益が記載され、当期純利益が計算されます。包括利益計算書では、当期純利益の結果を受けて、その他包括利益の内訳項目が記載され、包括利益が計算されます。

第9章
財務会計

図表－7 連結損益計算書及び連結包括利益計算書（2計算書方式）

〈連結損益計算書〉
売上高	×××
売上原価	×××
売上総利益	×××
販売費及び一般管理費	×××
営業利益	×××
営業外収益	×××
営業外費用	×××
特別利益	×××
特別損失	×××
税金等調整前当期純利益	×××
法人税、住民税及び事業税	×××
法人税等調整額	×××
当期純利益	×××
非支配株主に帰属する当期純利益	×××
親会社株主に帰属する当期純利益	×××

〈連結包括利益計算書〉
当期純利益	×××
その他包括利益	×××
包括利益	×××
（内訳）	
親会社株主に係る包括利益	×××
非支配株主に係る包括利益	×××

図表-8 連結損益計算書及び連結包括利益計算書 (ANAの場合)

(単位：百万円)

	2012/4/1 2013/3/31	2013/4/1 2014/3/31
売上高	1,483,581	1,601,013
売上原価	1,148,196	1,269,166
売上総利益	335,385	331,847
販売費及び一般管理費		
販売手数料	69,196	76,538
広告宣伝費	6,028	7,741
従業員給料及び賞与	30,399	32,913
貸倒引当金繰入額	52	99
賞与引当金繰入額	4,154	4,928
退職給付費用	3,758	3,593
減価償却費	13,432	15,693
その他	104,539	124,356
販売費及び一般管理費合計	231,558	265,861
営業利益	103,827	65,986
営業外収益		
受取利息	901	787
受取配当金	1,739	2,749
為替差益	1,967	—
資産売却益	950	2,940
持分法による投資利益	478	1,336
その他	4,223	4,484
営業外収益合計	10,258	12,296
営業外費用		
支払利息	18,026	15,933
為替差損	—	1,194
資産売却損	1,438	1,855
資産除却損	6,089	5,826
休止固定資産減価償却費	2,012	2,051
退職給付会計基準変更時差異の処理額	6,369	6,368
リース機返却時改修費用	1,422	—
その他	1,764	2,127
営業外費用合計	37,120	35,354
経常利益	76,965	42,928
特別利益		
固定資産売却益	74	—
投資有価証券売却益	71	903
補助金収入	360	130
関係会社清算益	—	653
受取和解金	—	1,744
保険解約返戻金	151	—
その他	44	130
特別利益合計	700	3,560
特別損失		
固定資産売却損	273	1,087
減損損失	5,496	322
のれん償却額	—	2,083
投資有価証券評価損	418	—
特別退職金	146	1,548
関係会社清算損	—	930
年金制度改定関連費用	—	3,976
その他	456	151
特別損失合計	6,789	10,097
税金等調整前当期純利益	70,876	36,391
法人税、住民税及び事業税	9,294	13,001
法人税等調整額	19,776	5,456
法人税等合計	29,070	18,457
少数株主損益調整前当期純利益	41,806	17,934
少数株主損失（△）	△1,334	△952
当期純利益	43,140	18,886

連結包括利益計算書	2013/3/31 現在	2014/3/31 現在
少数株主損益調整前当期純利益	41,806	17,934
その他の包括利益		
その他有価証券評価差額金	4,814	5,434
繰延ヘッジ損益	3,329	2,608
為替換算調整勘定	633	637
持分法適用会社に対する持分相当額	77	111
その他の包括利益合計	8,853	8,790
包括利益	50,659	26,724
（内訳）		
親会社株主に係る包括利益	51,977	27,676
少数株主に係る包括利益	△1,318	△952

第9章
財務会計

（3）キャッシュフロー計算書

　　キャッシュフロー計算書は、1会計期間におけるキャッシュフローの状況を明らかにするために作成される財務諸表です（キャッシュフロー計算書等の作成基準二）。ここで、本計算書の対象となる資金の範囲は現金および現金同等物です。

　　この目的を達成するために、キャッシュフロー計算書は一会計期間にキャッシュフローを「営業活動によるキャッシュフロー」、「投資活動によるキャッシュフロー」及び「財務活動によるキャッシュフロー」の3つに区分して表示します。

　　営業活動によるキャッシュフローの表示方法により、キャッシュフロー計算書の表示方法は、直接法と間接法の2種類があります。直接法は主要な取引ごとに収入総額と支出総額を表示し、営業キャッシュフローを計算する方法であり、間接法は当期純利益と必要な調整項目を表示し、営業キャッシュフローを計算する方法です。

　　営業活動によるキャッシュフローの区分には、当期純利益とともに、調整項目が掲載され、営業活動によるキャッシュフローが計算されます。ここでは、法人税等の支払額を独立の項目として記載するため、法人税等を控除する前の税引前当期純利益が用いられます。

　　投資活動によるキャッシュフローの区分には、固定資産の取得及び売却、現金同等物に含まれない短期投資の取得および売却等によるキャッシュフローが記載され、投資活動によるキャッシュフローが計算されます。

　　財務活動によるキャッシュフローの区分には、株式の発行による収入、自己株式の取得による支出など、資金の調達および返済によるキャッシュ・フローが記載され、財務活動によるキャッシュフローが計算されます。

図表－9　連結キャッシュフロー計算書（間接法）

〈連結キャッシュフロー計算書〉

Ⅰ　営業活動によるキャッシュフロー
　　　　税金等調整前当期純利益　　　　　　　×××
　　　　減価償却費　　　　　　　　　　　　　×××
　　　　……　　　　　　　　　　　　　　　　×××
　　　　小計　　　　　　　　　　　　　　　　×××
　　　　利息及び配当金の受取額
　　　　……
　　　　法人税等の支払額　　　　　　　　　－×××
　　営業活動によるキャッシュフロー　　　　　×××

Ⅱ　投資活動によるキャッシュフロー
　　　　有価証券の取得による支出　　　　　－×××
　　　　有価証券の売却による収入　　　　　　×××
　　　　……　　　　　　　　　　　　　　　　×××
　　　　投資活動によるキャッシュフロー　　　×××

Ⅲ　財務活動によるキャッシュフロー
　　　　短期借入れによる収入　　　　　　　　×××
　　　　短期借入金の返済による支出　　　　－×××
　　　　……　　　　　　　　　　　　　　　　×××
　　　　財務活動によるキャッシュフロー　　　×××

Ⅳ　現金及び現金同等物に係る換算差額　　　　×××
Ⅴ　現金及び現金同等物の増加額　　　　　　　×××
Ⅵ　現金及び現金同等物期首残高　　　　　　　×××
Ⅶ　現金及び現金同等物期末残高　　　　　　　×××

第9章
財務会計

図表-10 連結キャッシュフロー計算書（ANAの場合）

（単位：百万円）

	2012/4/1 −2013/3/31	2013/4/1 −2014/3/31
営業活動によるキャッシュ・フロー		
税金等調整前当期純利益	70,876	36,391
減価償却費	123,916	136,180
減損損失	5,496	322
のれん償却額	126	2,726
固定資産売却損益（△は益）及び除却損	7,125	5,976
有価証券売却損益及び評価損益（△は益）	384	△900
関係会社清算損益（△は益）	−	277
受取和解金	−	△1,744
貸倒引当金の増減額（△は減少）	△291	△269
退職給付引当金の増減額（△は減少）	5,179	−
退職給付に係る負債の増減額（△は減少）		3,464
受取利息及び受取配当金	△2,640	△3,536
支払利息	18,026	15,933
為替差損益（△は益）	△3,010	△2,733
特別退職金	146	1,548
年金制度改定関連費用		3,976
売上債権の増減額（△は増加）	3,102	△20,247
その他債権の増減額（△は増加）	△8,152	△16,477
仕入債務の増減額（△は減少）	△22,660	22,104
その他	△2,338	37,636
小計	195,285	220,627
利息及び配当金の受取額	2,832	4,752
利息の支払額	△18,310	△16,137
和解金の受取額	−	1,769
特別退職金の支払額	△492	△70
法人税等の支払額又は還付額（△は支払）	△6,119	△10,817
営業活動によるキャッシュ・フロー	173,196	200,124
投資活動によるキャッシュ・フロー		
有価証券の取得による支出	△761,670	△452,730
有価証券の売却による収入	546,866	549,010
有形固定資産の取得による支出	△149,705	△167,894
有形固定資産の売却による収入	44,441	46,326
無形固定資産の取得による支出	△13,047	△15,845
投資有価証券の取得による支出	△4,615	△4,025
投資有価証券の売却による収入	86	1,067
連結の範囲の変更を伴う子会社株式の取得による支出	−	△16,793
子会社株式の取得による支出	−	△2,450
貸付けによる支出	△105	△313
貸付金の回収による収入	524	281
その他	3,481	△1,549
投資活動によるキャッシュ・フロー	△333,744	△64,915
財務活動によるキャッシュ・フロー		
短期借入金の純増減額（△は減少）	250	△117
長期借入れによる収入	17,499	47,282
長期借入金の返済による支出	△117,729	△111,971
社債の発行による収入	29,848	29,850
社債の償還による支出	−	△20,000
リース債務の返済による支出	△11,810	△11,944
株式の発行による収入	173,718	−
自己株式の純増減額（△は増加）	1,088	△4,428
配当金の支払額	△10,062	△14,041
その他	1,747	△200
財務活動によるキャッシュ・フロー	84,549	△85,569
現金及び現金同等物に係る換算差額	412	584
現金及び現金同等物の増減額（△は減少）	△75,587	50,224
現金及び現金同等物の期首残高	265,834	191,297
連結の範囲の変更に伴う現金及び現金同等物の増減額（△は減少）	1,050	△586
現金及び現金同等物の期末残高	191,297	240,935

5.
財務諸表分析

　財務諸表の数値を用いた企業分析の手法は財務諸表分析と呼ばれます。財務諸表の分析手法はその目的に合わせて多様ですが、財政状態の分析手法について紹介します。また、貸借対照表を用いた財政状態の分析は安全性分析と呼ばれます。ここでは航空大手である日本航空株式会社（以下、JALという）とANAを取り上げ、両社の財務状態の時系列的変化を分析します。

（1）流動比率

　財務安全性のなかでも、特に短期の債務返済能力の表す指標として流動比率が用いられます。流動比率は次式によって測られます。

> 流動比率 ＝ 流動資産 ÷ 流動負債 × 100（%）

　流動比率は、短期に返済期間が到来する流動負債に対して、換金性の高い流動資産をどのくらい保有しているかを示す指標です。流動比率は高いほど望ましく、その上昇は債務返済能力の向上を表し、その下降は債務返済能力の低下を表す。

　図表－１１から、これまで一定で推移してきたJALの流動比率が経営破綻に陥る直前の2009年に74.9%まで著しく低下していることが確認できます。また、その後の経営再建を経て、2011年には161.3%まで高まっています。一方で、ANAの流動比率は極めて安定しており、2012年には119%まで高まっています。

第9章 財務会計

図表−11 流動比率の推移

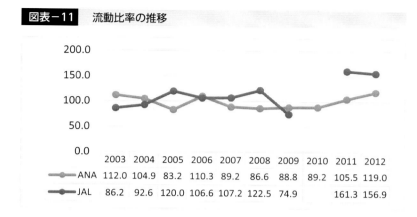

（2）固定比率

　財務安全性のなかでも、特に長期の債務返済能力を表す指標として固定比率が用いられます。固定比率は次式によって測られます。

$$固定比率 = 固定資産 \div 自己資本 \times 100(\%)$$

　固定比率は、長期的に利用される固定資産を返済の必要のない自己資本によってどの程度賄えているかを表す指標です。固定資産は長期間に渡って利用される資産なので、固定資産を調達するための資金も長期的な資金で賄われることが望ましいと考えられます。また、長期的な資金として固定負債も考えられますが、返済期限のある固定負債よりも自己資本によって一定割合が賄われることが財務健全性の観点から望ましいと判断されます。

　固定比率は低いほど望ましく、その上昇は債務返済能力の低下を表し、その下降は債務返済能力の向上を表します。

　図表−12から、JALの固定比率が経営破綻に陥る直前の2009年までに激しく変動していることが確認できます。その背景には、損失計上による自己資本の取り崩しと、それを補うための資金調達の繰り返しが存在します。しかし、経営再建を経て、2011年には329.2％まで低下し、2012年には大幅な利益計上により159.4％まで低下しています。一方で、

ANAの固定比率は2003年から2008年頃まで低下しており、その後は極めて安定しています。

図表－12　固定比率の推移

（3）自己資本比率

負債と自己資本から成る使用総資本の構成比という視点から長期的な債務返済能力を表す指標として、自己資本比率が用いられます。自己資本比率は次式によって測られます。

$$自己資本比率 ＝ 自己資本 ÷（自己資本＋負債）× 100(\%)$$

自己資本比率は、負債と自己資本から成る使用総資本に占める自己資本の割合を表す指標です。自己資本比率は高いほど望ましく、その上昇は債務返済能力の向上を表し、その下降は債務返済能力の低下を表します。

図表－13から、低調に推移してきたJALの自己資本比率が事業再建に伴う増資により2007年から2008年にかけ高まっています。しかし、経営破綻に陥る直前の2009年には損失計上により11.1まで低下しています。また、その後の経営再建を経て、2011年には19.7.7%まで上昇し、2012年には利益計上と債務返済により55.6%まで高まっています。一方で、ANAの自己資本は2009年に一時的に低下するものの、おおむね緩やかに上昇しています。

第9章
財務会計

図表-13 自己資本比率の推移

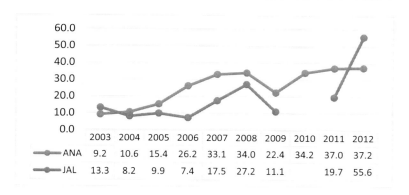

■注
1) 会社法会計とは、「会社法」の総則規定および計算規定ならびに、会計の計算に関する事項などを定めた法務省令である「施行規則」や「計算規則」に基づく会計です。

■参考文献
斎藤静樹　著　『企業会計とディスクロージャー[第4版]』東京大学出版、2010年
斎藤静樹　編著　『財務会計[第6版]』有斐閣、2009年
齋藤真哉　他著　『財務会計』新世社、2014年
広瀬義州　著　『財務会計[第12版]』中央経済社、2014年
佐藤・向　編著　『ズバッと！とわかる会計学』同文館出版、2014年
山地秀俊　他訳　『会計とコントロールの理論』勁草書房、1998年

第10章

Management Accounting

管理会計

要 約

　この章では、財務会計と対をなすもう一つの会計、管理会計について学習します。管理会計は、業務計画の意思決定、原価管理や業績評価などに役立てるために企業で用いられる会計です。経営管理者が企業を運営していく上で、管理会計情報は様々な場面で活躍します。本章では、はじめに財務諸表の作成や価格計算をはじめとする様々な情報を提供するために行われる、原価計算について学習します。次に、ほとんどの企業や組織で導入されている管理会計である、予算について学習します。最後に、企業の方針を考える際に重要な、管理会計情報を用いた意思決定の仕組みについて学習します。

1.
はじめに

　企業は、モノを買う、作る、販売するといった活動を通じて、利益を生み出すことを目的としています。こうした活動を行うためには、当然お金が必要です。特に、企業規模が大きくなればなるほど、必要な資金の額は多くなっていきます。多くのお金を集めるための仕組みとして、株式を発行して投資家から資金を集める**株式会社**が誕生しました。今日の多くの企業は、この株式会社という形態をとっています。すなわち、出資者から集めたお金を使って、企業は様々な活動を実施し、利益を獲得しているのです。出資者からお金の運用を任された企業は、出資者に対していくらのお金を使い、またどれだけの儲けを得ることができたのかを説明しなければなりません。これが会計の起源です[1]。

　企業における会計は特に**企業会計**と呼ばれ、収支の報告やモノの管理の他に、お金を運用した結果どれだけの利益を獲得することができたのかを測定するといった目的が含まれています。企業会計はさらに財務会計と管理会計に分けられますが、まずは企業と関わる人たちの分類について見ていきましょう。

　現代企業には、出資者である株主の他にも、その企業と関連のある個人や法人が多数存在しています。例えば、モノを買ったり売ったりする時の取引先、モノを作るために企業が雇っている従業員、資金を融通してくれる銀行、税金を支払う政府や地方公共団体などがあります。こうした、企業と利害関係を有する者を**利害関係者**（ステークホルダー）と呼びますが、利害関係者は企業の外部者と内部者とに分けることができます。企業の外部者とは、企業と取引を行なう顧客や取引先、企業に出資している株主、お金を貸している銀行などを指します。また、税金を収めているという点では、政府や地方自治体もまた外部の利害関係者であると言えます。一方企業の内部者とは、企業で働いている従業員、企業を運営管理していく経営管理者を指します。

第 10 章
管理会計

図表-1 企業と利害関係者

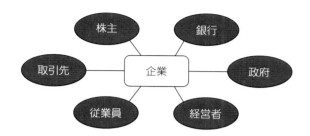

　前の章で学習した財務会計は企業外部の利害関係者に向けた会計であり、企業の活動実績を報告することが主な目的です。企業は法律などの一定のルールに則って、貸借対照表や損益計算書などの財務諸表を作成することが求められます。したがって、財務会計によって示される情報は客観性がある過去情報であり、会計数値の形で示されます。一方の管理会計は、企業内部の利害関係者、特に経営管理者に向けた会計であり、経営管理のために必要な会計情報を提供することが主な目的です[2]。そのため、管理会計が提供する情報は経営管理に役立つ未来の情報を重視しており、会計数値だけではなく時間や数量といったお金以外の情報（物量情報）についても扱います。このように、同じ会計という言葉を使っているものの、その目的の違いから財務会計と管理会計には異なる特徴が見られます。

2. 原価計算

（1）原価の意味

　原価計算とは、文字通り原価を計算するプロセスです。では、原価とはいったい何でしょうか？比較的日常的な言葉として用いられる言葉で

すが、たまに誤った使い方をしている場合もあります。ここでは、原価の意味するところから解説していきます。

はじめに、企業が製品を作るためにかかった費用について見ていきましょう。これを、**製造原価**と呼びます。例として、車の製造原価について考えてみましょう。車を作るためには、鉄、アルミ、ゴム、ガラスなど様々な材料が必要です。こうした、製品に組み込まれるモノの費用を**材料費**と呼びます。原価の中でも最も代表的で、イメージのしやすいものかもしれませんが、この材料費イコール原価ではありません。原価には、この他に**労務費**と**経費**が含まれます。労務費とは、材料を加工したり、加工した部品を組み立てたりといった作業を行う、工場で働く従業員の給料などです。経費とは、材料費と労務費以外に製品を作るためにかかった費用のことで、機械を動かすためにかかった電気代、設備の減価償却費[3]などが含まれます。

材料費、労務費、経費といった分類は、原価の発生形態や構成要素に基づいたものとなっています。原価は他にも、直接費と間接費に分類することができます。これは、原価の発生を特定の製品に対して直接集計できるかどうか、製造に直接関わったかどうかという分類です。先ほどの材料費、労務費、経費の分類と合わせて、直接材料費、直接労務費、直接経費、間接材料費、間接労務費、間接経費というように分けることもできます。また、直接材料費、直接労務費、直接経費の３つをまとめて製造直接費と呼び、間接材料費、間接労務費、間接経費の３つをまとめて**製造間接費**と呼びます。

さて、製品を作るためには費用がかかりますが、それだけでは製品を販売することはできません。完成した製品を販売する、あるいは製造・販売を行う企業そのものを管理するといった活動が必要であり、そのためにも当然費用がかかります。営業所の家賃や広告宣伝費のような、製品を販売するために必要な費用のことを**販売費**といいます。また、経理や人事などのスタッフの人件費や企業全体の福利厚生費など企業を運営管理するために必要な費用のことを**一般管理費**といいます。そして、製造原価に販売費と一般管理費を足したものを、**総原価**と呼びます。この

総原価と販売価格の差額が利益になります。

　一般に原価という場合は、製造原価か総原価のいずれかを指す言葉として用いられますが、原価計算では基本的に製造原価のことを指します。よくある誤用の例として、レストランなどで材料費、それも直接材料費だけを指して「あの料理の原価はXX円ぐらいだからぼったくりだ。」などと言っているのを聞くことがありますが、この章を読んだ皆さんはくれぐれもそういった間違いを犯さないように気をつけてください。

図表－2　原価の構成

			利益	
		販売費	総原価	販売価格
		一般管理費		
	間接費	製造原価		
直接材料費				
直接労務費	直接費			
直接経費				

（2）原価計算の目的

　原価計算を実施する目的はいくつかあります。順番に見ていきましょう。

　1つ目は、財務諸表を作成するためです。財務諸表とは、財務会計でも出てきたとおり貸借対照表や損益計算書などの書類のことです。正確な財務諸表を作成するためには、正確な原価を計算し、その数値を記載する必要があります。具体的には、販売した製品の製造原価は売上原価として損益計算書に記載され、売れ残って在庫となった製品の製造原価は貸借対照表の製品勘定に記載されることになります。

　2つ目は、製品の販売価格を決定するためです。製品を製造するためにどれだけの費用がかかったのかがわからなければ、何円で売ればよいのか、また何円の利益が出るのかが分からなくなってしまいます。これ

については、後述する原価企画の部分を参照してください。

　3つ目は、原価を管理するためです。まず、ある製品を作るためにかかると予想される原価を計算します。次に、実際の原価の発生額を計算し、両者を比較します。予想した原価と実際の原価が一致していれば良いのですが、多くの場合は両者にズレが生じます。このズレを認識することで、原価を管理することができるようになります。言い換えれば、前回と比べてムダな原価が発生していないか、あるいはどの部分の原価が削減できたのか、その理由はなにかといった課題を解決するためには、原価計算によって得られる情報が必要となるのです。

　4つ目は、計画を立てるためです。企業が継続的に経営を続けていくためには、利益を獲得し続けていかなければいけません。そのためには、いくらぐらいの利益が必要か、それを達成するためにどのような計画で進めていけばよいのかといったことを考えなければなりません。こうした計画を立てる際にも、原価の情報が重要となります。

（3）原価計算の手続き

　原価計算は、費目別計算、部門別計算、製品別計算という順番で行われます。

　費目別計算とは、製品を製造するためにかかった費用を、材料費、労務費、経費という原価要素ごとに、それぞれいくら使ったのか計算する手続きです。この時、直接費と間接費についても分けて記録をしていきます。費目別計算が終わると、次は部門別計算に移ります。部門別計算とは、工場の中にある様々な部門ごとに、間接費の各原価要素をいくら消費したのか計算する手続きです[4]。工場内の部門は、製造部門（切削、加工、組立部門など）と補助部門（動力、修繕、事務部門など）に大別され、部門ごとに原価を集計していきます。最後に、全ての原価要素を製品ごとに集計する製品別計算を行います。直接費については、特定の製品に対して消費した金額をそのまま集計します。一方、間接費については、部門別計算で製造部門に集計された金額を、一定の基準（特定の製品を加工するためにかかった時間、機械を動かした時間など）にもと

づいて製品に割り当てていきます[5]。以上の3つのプロセスを経て、製品の原価が計算されることになります。

図表－3 原価計算プロセス

（4）原価計算の種類

原価計算は、製品の特徴や原価計算を実施する目的などに応じて、幾つかの計算方法が用意されています。ここでは、各種の原価計算の方法について解説していきます。

はじめに、製品特性によって分かれる計算方法について見ていきます。企業が製造する製品は、住宅や船舶のように顧客から受注したものを注文通りに個別に製造するものと、家電製品や加工食品のようにある程度の需要を予測して大量生産するものとに大別されます。受注生産するものは、ほとんどの場合製品1つ1つが違う仕様になっているため、原価の計算についても製品ごとに集計していくことになります。これを、**個別原価計算**と呼びます。一方、大量生産するものは、同様の製品を複数製造するわけですから、1つ1つの製造原価を計算していくと非常に手間がかかってしまいます。そこで、大量生産をした同種の製品については、その製品グループ単位で原価を集計し、集計した原価を製造数量で割ることで製品1単位の原価を計算します。これを、**総合原価計算**と呼びます。

次に、計算に用いる値によって分かれる計算方法について見ていきます。材料費、労務費、経費の発生額を製品に割り当てることで原価は計算されますが、その際、原則として実際に支払った金額に基づいて計算されます。ある製品を製造するために10万円の材料を購入したなら、材料費は10万円、5万円の給料を支払ったなら労務費は5万円となるわけです。このように、実際に発生した金額を用いた原価計算の方法を、

実際原価計算と呼びます。実際原価は製品製造にかかった金額を示す最も基本的な原価であり、財務諸表を作成する場合はこの実際原価を使用します。しかし、実際原価計算から得られる情報だけでは、不十分な事があります。例えば、同じ製品を製造していても、時期によって材料の仕入れ価格が変動し、材料費が時期によって異なってしまうことがあります。あるいは、作業ミスがあり、予定していたよりも長い時間従業員が働かなければいけなくなった結果、労務費がいつもより多くかかってしまうこともあるでしょう。このように、実際原価は同じ製品であっても計算するたびに異なった金額になってしまうことがあり、その原因を明らかにすることも難しいため原価の管理ができません。そこで、原価の管理を目的として、標準的な原材料の価格や消費量、作業時間などをあらかじめ設定し、これに基づいて計算をする**標準原価計算**が誕生しました。実際原価と別に標準原価を計算して両者を比較することで、どこにズレがあるのかを明らかにすることができます。また、標準原価計算には偶発的な事象による影響を排除して原価を計算できる、計算手続きを迅速に実施できるといったメリットもあります。

　最後に、計算対象となる原価の範囲によって分かれる計算方法によって見ていきます。「(1) 原価の意味」のところで原価の分類方法を紹介しましたが、この他に原価を**変動費**と**固定費**に分類することもできます。変動費とは、製品を作れば作るほど発生する原価であり、例えば直接材料費のほとんどが変動費です。固定費とは、製品の製造量に左右されず一定額発生する原価であり、機械設備の減価償却費や工場の家賃などがその代表例です[6]。通常、原価計算を行う際には全ての原価、すなわち変動費と固定費の両方を扱わなければありません。これを**全部原価計算**といいます。しかし、目的に応じて、全ての原価ではなく原価の一部のみを計算対象とする原価計算方法があります。これを部分原価計算といい、特に変動費だけを用いた計算方法を**直接原価計算**と呼びます。直接原価計算は、どれだけの製品を販売すれば元が取れるのか、製品を一つ販売するたびにいくらの利益が増えていくのかといった情報を得るために有効な計算手法であり、利益管理のために用いられます。

（5）原価企画

　従来の原価計算における原価の管理方法は、材料の仕入れ価格を抑えたり、作業のミスや不良品を少なくしたり、作業時間を短縮することで原価の低減を図るというのが一般的でした。世界中で自社しかその製品を製造していない、あるいは少ない品種の製品を大量生産するという状況においては、そのような方法でも問題なく利益を獲得することができていました。しかし、今日では日本や海外のライバル企業が存在しており、同様の商品、あるいはもっと新しい製品が市場に出回っていることがほとんどです。そのような環境下では、市場の需要に応じて販売価格が決定してしまうため、これまでのように原価に利益を上乗せして販売価格を決定するということができなくなってしまいました。いわゆる価格競争が激化することで、市場によって決められた販売価格が自社の予定していた販売価格よりも安かった場合、自社の利益は予定よりも少なくなってしまいますし、もしかしたら赤字になってしまうかもしれません。

　こうした問題意識から誕生したのが、**原価企画**（target costing）という考え方です。原価企画は、製品を設計・開発する段階にまでさかのぼり、使用する材料や部品、製品の形状、製造プロセスなどを抜本的に変更することで、はじめから原価の低減を目指した製品づくりを行うという取り組みのことです。製品は企画、設計、開発、製造、販売といったプロセスを経て市場に出て行くことになります。図表－4のように、原価が最も発生するのは実際に製造する段階や完成品を販売するプロセスですが、完成するまでにどれだけの原価が発生するかというのは企画や設計の段階でほとんど決まってしまいます。そこで、この原価企画という発想を用いて、早い段階から原価を作りこむことが必要となるのです。したがって、原価企画活動を推進する際には、企画部門だけでなく、購買、製造、販売、物流などの各部門や職能の専門家を集め、部門や職能の枠を超えたチームで実施していくことが求められます。

図表－4 原価の決定と発生

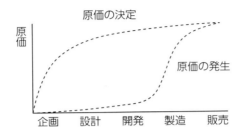

3. 企業予算

（1）予算とは

　予算という言葉を聞いたとき、皆さんは何を想像しますか？休日に買い物に行く時、いくらぐらいの物を買おうか、今月のバイト代をどう使おうかといった個人の話、大学のサークル運営のための経費をどうするか、イベントを主催するのにどれくらいのお金が必要かといった組織の話、あるいはニュースで耳にする政府の予算を思い浮かべる人もいるかもしれません。これらに共通しているのは、お金に関する見積もりであるということです。

　企業においても予算は重要な意味を持ちます。この章の冒頭でも述べた様に企業は様々な活動を行いますが、企業の活動は自社の事業の目標を実現するための具体的な計画（これを事業計画と呼びます）に基づいて実行されなければなりません。そして、この計画を会計情報に置き換えて示したものが企業予算になります。企業予算は、企業活動全体を計画し、また統制するためのツールであると言い換えることもできます。

　企業で働く従業員に対して行動目標を示すとともに、実際の活動をそ

第 10 章
管理会計

の目標に向かわせることを予算管理と呼びます。実際に予算によって管理する場合は、活動をお金によって測定および評価することで予算を作るプロセスと、計画した予算がしっかり守られているかチェックするプロセスが必要となります。前者は**予算編成（budget planning）**、後者は**予算統制（budgetary control）**と呼ばれます。

（2）予算編成

　予算を立てる際には、責任と期間の 2 点に注意する必要があります。まず責任についてですが、例えば製造部門における予算編成について責任を負うのは製造部長であり、製造部長が翌年度の生産活動を計画して予算案を作成します。お金を扱うというと何でも経理部の仕事のように思うかもしれませんが、そうではありません。経理部は、さまざまな部門の管理者が予算案を作るために必要な会計情報を提供し、また各部門の管理者が作成した予算案を取りまとめるといった役割を持っています。予算案は部門間での調整を経て、最終的には経営者によって決定されます。予算統制も同様に、担当する責任者は各部門の管理者であり、最終的な責任は社長が負うことになっています。

　重要な点は、予算を編成する責任者は自らが管理できる収益および費用についてのみ責任を負うということです。例えば、製造部長は製品の製造原価を予算内に収めることについて責任を負うため、製造原価が管理可能な費用となります。マーケティング部長は予算内で大きな効果をもたらすような広告宣伝費の使い方について責任を負うため、広告宣伝費が管理可能な費用ということになります。一方で、工場や営業所の家賃や減価償却費は製造部長や営業部長が管理できる費用ではありません。彼らにとっては管理不能な費用ですから、彼らの予算にこれらの費用を入れてはいけないということになります。では、営業所の家賃などは絶対に管理不能な費用なのかというと、そういうわけではありません。「〇〇市に工場を建設する、△△駅近くのビルを借りて営業所にする」といった決定は、基本的に経営層の判断に基づいて行われます。つまり、これらの費用は経営層にとっては管理可能な費用ということになります。

217

このように、ある費用や収益が管理可能か管理不能かについては、その責任者の権限の範囲内かどうかによって判断されます。

　次に期間についてですが、企業予算には一ヶ月から一年程度の比較的短期的な予算と、将来数年にわたる長期の予算があり、期間が短いほどより詳細かつ具体的な情報が盛り込まれた予算となります。ここで注意しなければならないのは、長期予算は短期予算の積み上げによって作成すべきであるということです。あらゆる予算に言えることですが、予算は事業計画と連動していなければなりません。特に一ヶ月単位に組まれる月次予算は、日々の活動の積み重ねによって十分に達成できるものでなければなりません。適切な月次予算を策定することが、長期的な予算の達成につながるのです。

　以上の点に注意しながら実施される予算編成は、一般的には前年度の予算における収益と費用の数字を検討することから始まります。そして、見積もった金額を、企業を取り巻く現状や将来発生するであろう事象の予測に基づいて、上方あるいは下方に修正します。このアプローチについては、業務を根本的に見直すことはあまり行われず、原則として既定の方針の延長線上において検討されます[7]。

（3）予算統制

　予算統制を行うためには、目標が達成できたかどうかを測定し、もし目標との食い違いが出てきた場合はその原因を分析する必要があります。ここでは、予算額と実際の発生額とを比較し、その差額や理由を明らかにする予算実績差異分析を取り上げます。例えば、ある製品の売上高について、予算上の売上高が 200 万円だったにも関わらず、実際の売上高は 140 万円だったとします。つまり、予算よりも売上が 60 万円少なかったということです。この原因を明らかにするため、売上高の予算実績差異分析では売上高を販売単価と販売数量とに分解して検討します。予算では、単価 400 円の製品を 5,000 個販売するつもりでしたが、実際には単価 350 円でしか販売できず、また数量は 4,000 個しか売れなかったとします。予算実績差異分析では、製品の販売単価に起因する売上高の

ズレである販売価格差異と、販売数量に起因する売上高のズレである販売数量差異に分類します。

販売価格差異　＝　（実際販売単価－予算販売単価）×　実際販売数量
販売数量差異　＝　予算販売単価　×（実際販売数量－予算販売数量）

図表－5　差異の分析

　計算すると、販売価格差異は（350 － 400）× 4,000 ＝－ 200,000 円、販売数量差異は 400 ×（4,000 － 5,000）＝－ 400,000 円となります。つまり、販売価格の低下による売上高のマイナスが 20 万円あり、販売数量が鈍ったことによる売上高のマイナスが 40 万円あったということがわかります。したがって、この例では、販売数量の減少による売上高への影響がより深刻であったと推察されます。

　この結果を受けて、今度は販売単価や販売数量が減少した理由を検討し、その対応策を練っていくことになります。例えば、競合他社との価格競争のために販売単価を抑えざるをえなかった、しかしこの値下げ率では顧客は他社商品の方に流れてしまった、といった背景があったのかもしれません。さらなる値下げを行うか、あるいは機能を拡充してより高い価格でも購入してもらえるような製品を開発するか、はたまた当該製品の販売から撤退するか…というような決断を下すにあたり、差異分析の結果はそのベースとなる情報を提供してくれるのです。予算実績差

異分析は、製造している製品ごとにそれぞれ行います。そして、その結果に基づいて、今後力を入れていく製品を決定する、販売戦略を練りなおすといった行動をとることになります。売上高以外にも、売上原価や販売費などの各種費用を対象として予算実績差異分析は実施されます。

　なお、分析結果について検討する際、予算とのズレがある部分について原因を把握することが求められますが、分析したすべての項目について調査し対応を考えていると時間がかかりすぎてしまい、その後の改善プロセスが遅れてしまいます。そこで、ズレが少ない部分についてはあまり注意を向けず、大きく差異が見られる部分について改善を試みることが望ましいとされています。これは**例外管理**（management by exception）と呼ばれ、予算統制プロセスの基本となっています。

4.
意思決定

（1）意思決定とは

　経営管理者が企業を経営していく上で何かを決めることを、意思決定と言います。意思決定を行うのは、企業のトップである社長だけではなく、事業部長や部門長、工場長、グループのリーダーなど様々な階層の管理者であり、各々の抱える課題を解決するために行います。意思決定は、複数ある選択肢の中から何か一つを選択するという形で行われます。ある問題が生じた時に、考えられる選択肢（代替案）を列挙します。そして、各代替案を選択した場合にどれだけのメリットが得られるか、どれだけのデメリットがあるのかを評価し、実行する最適な案を決定します。意思決定に関して、管理会計は、各代替案から得られる収益や要した費用の金額を計算し、そこからいくらの利益を獲得できるか、あるいはどれだけ費用が節約できるかという情報を提供するという役割があります。

（2）業務的意思決定

　管理会計で対象となる意思決定は、短期的であり現場に近い意思決定である**業務的意思決定**と、比較的長期にわたって影響する、経営トップ層による**戦略的意思決定**とに大別されます。業務的意思決定では、ある製品を自分で製造するか他社から購入するか、特定の注文を引き受けるか、工場の設備を効率的に稼働させて最大の利益を得るためにはどの製品をどれだけ製造すればよいか、というような比較的短い期間を対象とした意思決定を扱います。

　意思決定の基本は、複数の代替案間で異なる収益、原価、利益を比較することです。これを**差額原価収益分析**と言います。業務的意思決定は、原則として最も大きな利益が得られる代替案を採用することになります。ここで原価という言葉が出てきますが、意思決定における原価は、原価計算で解説した原価とは少し異なった概念として用いられます。はじめに、意思決定に特有の原価概念について見て行きましょう。

　まず、特定の代替案を採用した場合にだけ発生する原価を**関連原価**（**relevant costs**）呼びます。意思決定によって変動する原価であり、ある代替案と他の代替案における原価との差額でもあることから、**差額原価**（**differential costs**）と呼ばれることも有ります。反対に、どの代替案を採用しても共通して発生する原価は無関連原価と呼ばれます。代表的なものとして、過去の意思決定の結果として発生した回収できない原価である埋没原価があります。意思決定は将来の事象について決めるプロセスであり、既に起こった事象を変えることはできません。また、どの案を採用しても共通して発生する金額であれば、考慮してもしなくても意思決定の結果には影響をあたえることはありません。そのため、無関連原価は無視して、関連原価のみを用いて意思決定を行います。

　関連原価は、代替案間で金額が異なる、将来発生する原価です。関連原価を考える際に重要となる概念の一つとして、**機会原価**（**opportunity costs**）があります。ここで、AとBという2つの投資案があったとしましょう。仮にA案を採用すると、B案は採用しないということになります。このとき、B案を採用しなかったことによって得られなくなって

しまった利益額を、機会原価と言います。3つ以上の代替案がある場合は、選択しなかった代替案の中で最も大きな利益額が、選択した代替案にとっての機会原価となります。採用したある代替案の利益を求める場合には、その案における収益と原価に加えて、この機会原価を差し引いて計算しなければなりません。

(3) 戦略的意思決定

　戦略的意思決定では、新規工場の建設や新設備の導入、既存設備との交換のような、大規模かつ1年以上の長期にわたって影響を及ぼすものを扱います。こうした投資を行う場合、個々の投資案ごとに予想される利益額や費用の削減額などを計算し、最も有利になるものを選択することになります。金額を求める際は、意思決定を行うタイミングを起点として、そこから原則として1年単位で、獲得できると考えられる現金収入額と支払うこととなる現金支出額を計算します。現金収入額はキャッシュインフロー、現金支出額はキャッシュアウトフロー、両者の差額は正味キャッシュフローと呼ばれます。計算する期間は、設備の耐用年数やプロジェクトの予定終了時期までです。ここでは、投資案の優劣を決定する各種の評価方法について解説します。

①回収期間法（payback method）

　回収期間法は、投下した資金が何年で回収できるか計算する方法です。回収期間は、初期投資額を毎年の正味キャッシュフローで除して求めます。毎年の正味キャッシュフローの金額が異なる場合は平均額を使用します。投資案の評価については、求めた回収期間が短いもの、つまり投資額を早期に回収できるものを採用します。例として、初期投資額が300万円、毎年の正味キャッシュフローが100万円という投資案の回収期間は3年となります。計算が容易であり、特に投資がきちんと回収できるかどうかという投資の安全性を重視する場合には回収期間法が好まれる傾向があります。ただし、回収期間経過後の正味キャッシュフローを考慮しないという欠点があります。

第10章 管理会計

②正味現在価値法（net present value method）

　正味現在価値法は、投資期間中に得られる正味キャッシュフローを投資時点の価値に置き換えて、それが投資額を上回るかどうかを計算する方法です。正味現在価値法では、時間の経過とともにお金の価値が変わることを前提としています。例えば、金利1％で100万円のお金を銀行に1年間預けると、1万円の利息がついて101万円になって返ってきますね。この場合、現在の100万円と1年後の101万円の価値は等しいということになります。反対に、1年後の101万円は現在100万円の価値を持っていると言うこともできます。将来の金額を現在の金額に換算することを割り引くと表現し、換算したものを**現在価値**と呼びます。また、割引の計算をする際には価値がどのような割合で変化するかという割引率を使いますが、意思決定においては一般的に資本コスト率が用いられます。

　正味現在価値法では、毎年の正味キャッシュフローを割引率によって割り引いて現在価値に換算し、現在価値の合計額から投資額を差し引いて正味現在価値を計算します。そして、正味現在価値が正の値になる、つまり現在価値が投資額を上回った場合はその投資案は望ましいと判断されます。投資案の評価については、正味現在価値が最も大きなものから採用することになります。

③内部利益率法（internal rate of return method）

　内部利益率法は、投資額に対する収益性を計算する方法です。内部利益率とは、上述した正味現在価値がゼロになる割引率を指します。つまり、毎年の正味キャッシュフローを内部利益率で割り引いた金額は、投資額と一致することになります。そして、投資案の内部利益率が一定の水準（資本コスト率）を超えている場合は、望ましい投資案であると判断されます。

　内部利益率の計算方法は非常に複雑であり、手計算で求めることは困難です。そのため、コンピュータを使って計算されますが、正味キャッシュフローの金額によっては解が求められないこともあります。

以上、投資案を評価するための主な手法を３つ取り上げました。このうち、正味現在価値法と内部利益率法は、時間の経過によって価値が変わるという、貨幣の時間価値を考慮した方法です。キャッシュフローの割引計算を行っていることから、これらは割引キャッシュフロー法とも呼ばれます。理論的には割引キャッシュフロー法の方が優れているとされていますが、実務上は計算が簡便な回収期間法が多く利用されています。

■注

1）説明する責任のことをアカウンタビリティ（accountability）といい、説明する行為を会計（accounting）といいます。

2）図表 - １に関連して、政府や地方公共団体における税務当局に情報提供をするための会計は税務会計（tax accounting）と呼ばれ、企業会計とは別の分野となっています。また、顧客を含む取引先や従業員は、企業にとっては重要な利害関係者ではありますが、現段階の企業会計はこうした利害関係者に対して専用の会計情報を提供していません。

3）減価償却費とは、建物や設備などの複数年使用する固定資産について、その取得に要した支出を、使用する期間にわたって費用として配分したものです。

4）どの製品に対して消費した原価であるかが明白な直接費については部門別計算を行う必要はなく、そのまま製品別計算を行うことになります。したがって、部門別計算は間接費だけが対象となる手続きということになります。

5）直接費を製品に割り当てる手続きを賦課、間接費を一定の基準によって割り当てる手続きを配賦といいます。

6）厳密には、変動費と固定費以外に、準変動費と準固定費が存在します。準変動費とは、全く使用しなくても一定の原価が発生し、使用量に応じて金額が増えていくといった原価であり、基本料金が定められている水道光熱費などが該当します。準固定費とは、ある範囲内における発生金額は固定であるものの、一定の水準を超えるたびに金額が増加するといった原価であり、工場管理者の給料（一人の管理者が監督できる従業員数に限界があり、一定数を超えると管理者をもう一人雇う必要が有るため給料総額が増加する）などが該当します。

第10章
管理会計

7) これに対して、ゼロベース予算と呼ばれる予算編成方法もあります。ゼロ
ベース予算では、たとえ過去に予算として認められていた金額であっても、
各予算期間のはじめになるとその金額の正当性を各部門が再び示さなくては
なりません。つまり、各部門の管理者は、過去の予算をベースとするのでは
なく、ゼロから自分たちの予算を組み上げていかなければならないというこ
とです。**ゼロベース予算**を採用することで、予算の数値が妥当かどうかとい
う点について十分な検討を行うことができるというメリットがあります。一
方で、予算を策定する度に多くの時間とコストがかかってしまうというデメ
リットがあるため、政府機関等一部の組織では支持されているものの、営利
企業ではあまり一般的ではありません。

■参考文献 ────────────────────

管理会計の入門書として推薦します。
・林總　著『[新版] わかる！管理会計』ダイヤモンド社、2007年

管理会計について体系的に学習したい人に推薦します。
・淺田孝幸　監訳『管理会計のエッセンス』同文館出版、2008年
・岡本清・廣本敏郎・尾畑裕・挽文子　著『管理会計』中央経済社、2008年

近年の管理会計の動向について興味のある人に推薦します。
・中村博之・高橋賢　編著『管理会計の変革－情報ニーズの拡張による理論と
　実務の進展』中央経済社、2013年

第11章　　　　　　　　　　　　Information and Technology

情報と技術

要 約

　現代の高度情報化社会においては、コンピュータを利用し、情報を収集・整理・加工・分析・判断・伝達するといった一連の活動を、知識と技術およびモラルをもって正確にかつ迅速に行うことが必要とされています。また、コンピュータウイルスやネット詐欺にあわないように、ウイルス対策ソフトを導入し、情報モラルについての感度を高めることが求められます。これらに加えて、本章ではコンピュータのハードウェアの5大装置やソフトウェアおよび関連知識として情報の表し方についての基礎的な知識や態度を学びます。

1.
はじめに

　こんにちの私達の社会は、IT社会とかICT社会とよばれています。IT（Information Technology）は情報技術、ICT（Information and Communication Technology）は情報通信技術と訳されています。どちらもほぼ同じような意味で使用されていますが、あえて区別するなら、ITはコンピュータ関連の技術そのものを意味し、ICTはコンピュータ技術の活用に着目する場合に使用されているようです。また、経済産業省や商工会ではITが、総務省ではICTが用いられています。

　企業においても、IT経営という言葉をよく耳にします。経済産業省は、「IT投資本来の効果を享受するためには、目的なく単に現業をIT化するだけでは不十分であり、自社のビジネスモデルを再確認したうえで、経営の視点を得ながら業務とITとの橋渡しを行っていくことが重要です。このような、経営・業務・ITの融合による企業価値の最大化を目指すこと」をIT経営と定義しています[1]。

　この章では、インターネットなどの情報伝達手段を組み合わせて情報通信ネットワークを構築し活用しているICT社会における注意事項、コンピュータなどの情報機器のハードウェアとソフトウェアおよび関連する事項について説明していきます。本章を通じて、情報通信ネットワークを利用して課題に取り組むために、必要なデータを収集し、整理・加工して、利用者の判断にとってより役立つ形に加工された情報を作成し、効果的に伝達するための基礎的な知識や態度を養いましょう。

　現在のような情報技術が発達した高度情報化社会においては、情報がモノやお金と同じように価値をもっており、この高度情報化社会をよりよく生きていくためには、情報収集能力・情報処理能力・情報活用能力といった情報を有効に活用する能力を高めていく必要があります。ただコンピュータを使えるというだけではなく、情報通信ネットワークを活用し、効果的に処理する際には、モラルを持って能力を発揮することが

第11章
情報と技術

求められています。近年、情報の保管・検索・廃棄についても特に慎重に取り扱うことが求められていることも忘れてはいけません。本章では情報セキュリティや情報モラルについても取り上げますので、理解を深めるよう努力してください。

2.
高度情報化社会

（1）情報の活用

　私達の日常生活では、新聞、雑誌、ラジオ、テレビなど様々なメディアから続々と新しい情報が提供されています。また、自らも情報発信者として、口頭だけではなく、はがきや手紙、書類、電話、電子メール（e-mail）、SNSと略されるソーシャル・ネットワーキング・サービス（social networking service）などといった様々な方法を、情報の伝達手段として利用しています。私達は、判断の材料となるために必要なデータ（加工前の生の情報）を収集し、収集したデータを整理・加工（処理・計算）して、利用者の判断にとってより役立つ形に加工されたデータとなる情報を作成し、その情報をもとに比較・分析・判断を行い、最良の方法を選択し、行動に移すことを考えます。

　コンピュータの普及にともない情報に関わる仕事も増加しています。情報機器のメーカー（製造業者）やソフトウェアを作成する会社、いろいろな会社にあわせたシステムを開発・運用・保守点検を行う会社、様々なデータから新しい情報を作成し、その情報を提供する企業などで働いているプログラマーやシステムエンジニア（SE）といった専門家だけではなく、仕事をする多くの人がコンピュータを使用するようになってきました。オフィスで文書を作成するためにワープロ（ワードプロセッサ）ソフト、表計算やグラフの作成などを行うために表計算ソフト、顧客データや商品データの管理などのためにデータベースソフトを使用す

229

ることも当たり前で、職場の机上には一人一台のコンピュータがあることも珍しくはありません。情報システムの構築や運用について規模の大きな企業では、外部の専門の事業者に委託したり、社内に専門の部門を設ける場合もあります。しかし、低価格で高機能なパーソナルコンピュータと業務を支援するためのアプリケーションソフトウェアの普及に伴い、情報システムを利用して日常業務を行う担当者（エンドユーザー）がアプリケーションソフトウェアを利用してマクロ機能やスクリプト機能を利用するなどという動きも見られます。現場の従業員が自分たちの業務が楽になるように積極的にコンピュータを活用することを、**エンドユーザーコンピューティング（EUC: End User Computing）**といいます。

（2）情報通信ネットワークとビジネス

　離れた場所同士でデータをやり取りするために網目のように張り巡らされたシステムを**情報通信ネットワーク**と言います。世界中に繋がっている情報通信ネットワークであるインターネットなどの情報通信ネットワークは、広く情報を入手、発信、共有、交換することができる手段として利用されています。我々は、世界中のどこにいても、インターネットが繋がる環境があれば情報の発信・受信が可能で、インターネットを通じて多様な情報を世界的規模で利用できるようになりました。

　インターネットを利用したビジネスである**イーコマース（Electronic Commerce）**という電子商取引も行われるようになりました。企業と消費者間の財やサービスの取引は、**B to C（Business to Consumer）**とよばれ、発音が同じであるところから**B2C**とも表記されます。一般消費者（個人）向けの製品の製造販売だけではなく、インターネットバンキング（ネットバンキング、オンラインバンキング）のような個人と金融機関との取引や消費者向けのサービスの提供などが**B to C**となります。また企業間における商取引の**B to B（B2B）**、個人間のオークションやフリーマーケットのような消費者（個人）間の**C to C（C2C）**の取引も行われています。

第 11 章
情報と技術

3.
情報セキュリティ

（1）情報セキュリティに関わる脅威

　近年、情報通信技術を悪用した事件や犯罪が増加しています。例えば、コンピュータに被害をもたらす不正プログラム（不正ソフトウェア）であるマルウェアの一種でプログラムやデータに対して何らかの障害を及ぼすことを目的として作成された悪質なプログラムである**コンピュータウイルス**を感染させ、正規の利用権限（アクセス権）を持たないにも拘らず不正にコンピュータシステムに侵入し利用したり侵入を試みたりするといった**不正アクセス**を行ったり、インターネット上で金銭などを詐取しようとする**ネット詐欺**（インターネット利用詐欺）、他人のパスワードなどを不正に用いてシステムに侵入し、その人のふりをする**なりすまし**、コンピュータシステムに侵入しデータを破壊・改ざんするなど国家や社会の重要基盤を機能不全に陥れる行為である**サイバーテロ**（サイバー攻撃）などです。また、本人の許可なくインターネット掲示板への個人情報の掲載する**プライバシーの侵害**、特定の個人を対象とした誹謗・中傷や差別的な表現の書込みや裏サイトでのいじめ、青少年の健全育成に好ましくない情報を掲載しているウェブサイトである有害サイト、受信することを同意・承諾していないのに送信されたり受信者が受け取りを拒否しても引き続き送信されたりする**迷惑メール**、迷惑メールのうち商品の広告や勧誘といった内容で不特定多数の人に一方的に大量に送られサーバや回線の負荷が像出して障害を与えることもある**スパムメール**、ネット詐欺のうち、オンラインバンキングやクレジット会社の名前をかたり本物そっくりの偽サイトに誘導するなどしてクレジットカード番号やパスワードなどの個人情報を盗み取るフィッシング詐欺、ウェブサイトや電子メールに記載されたURLを一度クリックしただけで一方的にサービスへの入会契約の成立を宣言された上ウェブサイトの使用料金や会員登録料・退会料など不当な料金で請求するワンクリック詐欺など高

231

度情報化社会において好ましくない問題も山積しています。

　IPA情報処理推進機構による情報セキュリティ調査（2014年版）では、2013年において社会的影響が大きかったセキュリティ上の脅威について、2014年の10大脅威として下記の事項をあげています。その多くはウイルス・ハッキングによるサイバー攻撃ですが、内部統制、セキュリティマネジメントやインターネットモラルに分類されるものもあります[2]。

①インターネットを介して政府機関から民間企業に至る幅広い組織の機密情報を盗み取る、諜報・スパイ型の攻撃

②攻撃者による不正なログインや、それに伴うサービスの不正利用や情報漏えい

③ウェブサイトの改ざん、特に水飲み場型攻撃といわれる、攻撃対象組織の職員が閲覧しそうなウェブサイト（水飲み場）を改ざんし、そのサイトを閲覧させることによるウイルス感染

④ウェブサイトの運営者を対象とした外部からの攻撃による、ウェブサービスからのクレジットカード情報などのユーザー個人情報の流出

⑤フィッシング詐欺やウイルスによってオンラインバンキングのユーザーのパスワードを盗み出し、本人に成りすまして行われる不正送金

⑥魅力的なコンテンツを含んでいると見せかけた悪意あるスマートフォンアプリによる、端末に保存されている電話帳などの情報窃取、および収集された個人情報のスパム送信や不正請求詐欺への悪用

⑦SNSへの軽率な情報公開

⑧USBメモリやノートパソコンなどの紛失や設定不備による情報漏えい

⑨パソコンをロックして身代金を要求するランサムウェアなどのウイルスなど使った詐欺・恐喝

⑩システムがウイルスによってデータ破壊され、サービス停止状態になるなどのサービス妨害

第11章
情報と技術

（2）情報セキュリティに関わる問題点への対処

　インターネット上での誹謗中傷やいじめ、犯罪や違法・有害情報など黙殺できない問題が発生するなかで、我々がとることのできる対策は、予防と被害の拡散防止です。セキュリティ対策については、国や様々な組織が法整備を含む制度や技術、人的・組織的対策を進めています。

　個人のレベルで不正なアクセスを未然に防いだり、何らかのトラブルから速やかに復旧するためには、コンピュータウイルスを検出し、駆除したり感染したファイルを削除したりするソフトウェアであるウイルス対策ソフトを導入したり、青少年にとって不適切と考えられるウェブサイトなどへのアクセスを制限するフィルタリングを行うなどシステムで対処することが不可欠です。

　また、不正ログインを防ぐために、複数のサイトでユーザーIDとパスワードを使い回ししたりせず、サイトによって異なるパスワードを設定したり、定期的にパスワードを変更することなども求められます。

（3）情報モラル

　今後、情報化の進展が生活に及ぼす影響を理解し、情報に関する問題に適切に対処し、積極的に情報化社会に参加しようとする創造的な態度がいっそう求められるようになります。誰もが情報を受信するだけではなく送信者ともなる情報化社会では、情報がネットワークを介して瞬時に世界中に伝達され、予想しない影響を与えてしまうことや、対面のコミュニケーションでは考えられないような誤解を生じる可能性も少なくありません。このような情報化社会の特性を理解し、情報化の影の部分にも正しく対応できる、情報モラル（情報化社会で適正な活動を行うための基になる考え方と態度）が必要となってきています。

　具体的には、自らが受信・発信する情報の他者への影響を考え、著作権などの知的財産権や人権など自他の権利を尊重し、情報化社会での行動に責任をもつことや、危険回避など情報を正しく安全に利用できること、コンピュータなどの情報機器の使用による健康とのかかわりを理解することなどがあげられます。これらの内容は、情報化社会の進展に伴

って変化することが考えられ、今後も柔軟かつ適切に対応することが必要です。普及の著しい携帯電話・スマートフォンやタブレットをはじめとする携帯情報通信端末の様々な問題に対しても正しい知識と技術およびモラルをもって活用することが期待されます。

4.
ハードウェア

（1）ハードウェアの構成

コンピュータは必要に応じた機器を用いてプログラムを組み、それを利用することによって、データ処理を自動的に高速に正確に行うことができます。コンピュータを構成している機械・装置・部品類をハードウェアといいます。CPUや主記憶装置、ハードディスク、DVD、ブルーレイなどと一体になっていることが多い本体、キーボード、マウス、ディスプレイ、プリンタなどが標準的な構成です。

（2）コンピュータの五大機能と五大装置

入力機能、記憶機能、制御機能、演算機能、出力機能を五大機能といい、入力装置、記憶装置、制御装置、演算装置、出力装置を五大装置といいます。このうち、制御装置と演算装置を総称してCPU（Central Processing Unit、中央処理装置）といい、主記憶装置を加え、処理装置と言います。また、入力装置と出力装置を総称して周辺装置といいます。

　①プログラムやデータをキーボードやマウスなどの入力装置から受け入れる入力機能

　②入力装置から受けたプログラムやデータ、処理結果などを主記憶装置（メモリ）や補助記憶装置（CD、DVD、ブルーレイディスク、ハードディスクUSBメモリなど）に記憶してためておく記憶機能

第 11 章
情報と技術

図表－1 五大装置

①入力装置		周辺装置
②出力装置		
③記憶装置	主記憶装置	
	補助記憶装置	
④制御装置	CPU 中央処理装置	処理装置
⑤演算装置		

③プログラムや指示された命令を制御装置が解釈し、各装置に指示
を与えコントロールする制御機能

④演算装置が計算や比較などの演算を行う演算機能

⑤コンピュータが処理した結果やメッセージをディスプレイやプリ
ンタといった出力装置に表示したり、印字したりする出力機能

（3）入力装置

　パーソナルコンピュータにおける標準的な入力装置は、キーボードと
マウスです。キーボードは、キーを打ち、文字・数字・記号などを入力
しますが、マウスは本体を移動させ、ボールや赤外線などを利用したセ
ンサで位置情報をコンピュータへ伝えたり、アイコンやボタンをポイン
タで選びながら簡単に処理するGUI（Grafical User Interface）のソ
フトウェアで使用されます。マウスやトラックボールは、ポインティン
グデバイス（ポインティング装置）と呼ばれます。その他の入力装置と
して、イメージスキャナ、ディジタルカメラ、サウンドボード、タッチ
パネル、バーコードリーダー、OMR（Optical Mark Reader）光学
式マーク読取装置、OCR（Optical Character Reader）光学式文字
読取装置などがあります。

　イメージスキャナの解像度の性能表示は、dpi（dots per inch）とい
うドット密度の単位で表します。これは、1インチあたりにどれだけの

235

ドットを表現できるかを表しています。タッチパネルは、金融機関やコンビニエンスストアのATM（現金自動預け払い機）やスマートフォンをはじめ幅広く用いられており、バーコードリーダーは小売店のレジで商品などについたバーコードを光学的に読み取るといった場で使用されています。QRコードは、小さな正方形の点を縦横に配置した二次元バーコードで、数値だけではなく文字情報も含め通常のバーコードの数百倍の情報を記録することができ、どの方向からでも正確に読み取ることができます。OMRは、試験やアンケートで用いられることが多く、カードの選択した場所をマークした答えを読み取ってコンピュータで採点や集計することができ、大量のデータを早く入力することができます。OCRは、印刷や手書きの文字を光学的に読み取り、パターンの照合認識によって文字データとして特定し、文字データを入力することができます。OCRソフトを利用することによって、イメージスキャナで読み取った画像から文字を認識して編集可能な文字列に変換することもできます。

（4）出力装置

　ディスプレイやプロジェクタ、プリンタなど、入力されたデータやデータの処理結果を表示したり印字したりという方法で出力する装置です。

　ディスプレイは、キーボードなどから入力したデータやコンピュータで処理した結果などを画面に表示する装置で、ブラウン管を用いたCRTディスプレイもありますが、現在はテレビや携帯電話・スマートフォンの画面にも使用されている薄型の液晶パネルを使用した液晶ディスプレイが一般的です。ディスプレイの文字や画像は、ドットの集まりで構成されており、ドット一つを1画素とか1ピクセルと表しています。ドット数が大きいほど解像度が高く、より細やかな画像が表現されます。ディスプレイの画面は、光の三原色といわれる赤（R）、緑（G）、青（B）の3色の組み合わせで画像の色彩を表現しています。プロジェクタは、パソコンの画面やDVDの映像などをスクリーンや壁に投影する装置で、プレゼンテーションなどで用いられます。

プリンタは、データを用紙に印字する装置ですが、近年３Ｄデータを もとに立体を作りあげる３Ｄプリンタも医療や建築をはじめ様々な分野 で利用されつつあります。従来からある二次元の平面に印刷するプリン タは、印字方式の異なるドットインパクトプリンタ、インクジェットプ リンタ、レーザープリンタなどがあります。ドットインパクトプリンタ は、昔のタイプライターのように用紙をプリンタヘッドで打って圧力を 加える方法なので複写伝票の印字には現在も利用されていますが、一般 家庭では現在あまり使用されていません。インクジェットプリンタは、 一般家庭ではもっとも利用されているプリンタで、細かな液状のインク を用紙に吹き付けて印刷します。色の３原色であるシアン（C）、マゼ ンダ（M）、イエロー（Y）の混ぜ合わせで様々な色を表現しています。 ３色を混ぜ合わせれば黒ができるのですが、最も多く使用される黒（K） についても別のインクを用いています。また、家庭で写真の印刷をおこ なう人も増えており、より美しい色彩を表現するためシアン、マゼンタ、 イエロー、ブラックの基本である４色にフォトシアン、フォトマゼンタ、 フォトイエロー（またはレッドなど）を加えた７色のインクを用いたプ リンタも一般的になっています。より多くの色のインクを用意したプリ ンタもあります。レーザープリンタは、送られてくるデータをページ単 位で画像イメージに置き換えて印刷するのでページプリンタともよばれ ます。インクジェット方式のインクのかわりにトナーと呼ばれる粉を使 用します。高速で精細な印刷が可能であり、インクジェットプリンタよ りも大きくなりますが企業では最も一般的に用いられています。

（5）記憶装置

コンピュータ内部にあり、CPU（中央処理装置）が処理するプログ ラムやデータといった情報を記憶する装置で、内部記憶装置ともいわれ る主記憶装置と、主記憶装置の記憶容量不足を補ったりデータ等をコン ピュータ外部で保存することから外部記憶装置ともいわれる補助記憶装 置からなります。

主記憶装置は、高速なデータの読み書きが必要でありCPUと同様に

半導体を用いて電気的にデータを記憶する集積回路が用いられ、一般に
メモリと呼ばれています。CPUが直接読み書きできるのは主記憶装置
にあるプログラムやデータだけです。集積する素子の数によって集積回
路を分類定義していますが、比較的小規模のものをIC（Integrated
Circuit）、比較的大規模のものをLSI（Large Scale Integration、大規
模集積回路）としています。より大規模のものをVLSI（Very Large
Scale Integration、超大規模集積回路）、ULSI（Ultra Large Scale
Integration、超々大規模集積回路）などと呼んでいます。また、SoC
(System on Chip)など新しい基盤ハードウェア技術の開発も進んでい
ます。

　メモリには、データの読み出し専用のROM（Read Only Memory）と、
読み出しと書き込みができるRAM（Random Access Memory）があ
ります。ROMは、不揮発性（電源を切っても記憶内容が消えることが
ない性質）で、書き換えられては困る起動用のプログラムなどを記憶さ
せています。一方、RAMは、コンピュータ処理の必要に応じて記憶で
きますが、電源を切ると記憶内容が消える揮発性の性質を持っています。
RAMは、大きくDRAM（Dynamic RAM）とSRAM（Static RAM）
とに分かれます。パーソナルコンピュータの主記憶（メインメモリ）装
置には、大きな容量が必要となるため構造が簡単で安価なDRAMが用
いられます。SRAMは、スーパーコンピュータの主記憶装置などにも
使用する高速なもので、パーソナルコンピュータではキャッシュメモリ
などに用いられます。SRAMは高速処理が可能ですが高価であり、回
路が複雑なため大容量化が難しいという面があります。キャッシュメモ
リとは、CPUと主記憶装置の間のように処理速度の差がある装置間に
置くメモリで、キャッシュメモリに使用頻度の高いデータを蓄積してお
くことによって低速な主記憶装置へのアクセス回数を減らすことができ
処理速度を高速化することができます。

　補助記憶装置は文字通り、電源を切ると記憶内容が消えてしまう記憶
容量の限られた主記憶装置を補うための装置です。補助記憶装置には、
ハードディスクドライブ、光ディスクドライブ、フラッシュドライブな

第 11 章
情報と技術

ど多くの種類の装置があり、記憶容量や処理速度も異なるので、利用目的に応じて適切な装置を選ぶことができます。

　ハードディスクドライブ（HDD: Hard Disk Drive）は、複数の金属の円盤（ディスク）で磁気を利用して読み書きする装置であり、磁気ディスクを高速回転させて読み書きします。今日では数TB(テラバイト)という大量の記憶が可能であり、コンピュータにおける主要な補助記憶装置の一つとして利用されています。また、フラッシュメモリを記憶媒体としているディスクのことをフラッシュディスクといいますが、フラッシュメモリをHDDとして使えるように製品化したものをフラッシュメモリディスクと呼び、通常ソリッドステートドライブ（SSD: Solid State Drive)と表記されます。SSDはHDDと同じ接続インターフェースを備えており、HDDの代替や補完としてノートPCや音楽携帯プレーヤーなどに搭載され普及も進んでいます。磁気ディスクではなく半導体素子メモリを用いたフラッシュメモリの方式で読み書きする方式で、HDDに比べ高速に読み書きできるというメリットがあります。

　光ディスクドライブは、CD,DVD,BDといった光ディスクに記録されたデータをコンピュータで読み取る装置です。CDドライブ（Compact Disc Drive）は、音楽の記録などに用いられるCDをコンピュータのデータ記録用に応用したもので、CDに記録されたデータを読み取る装置です。記憶容量は最大で約７００MBで、安価なことからデータを配布する媒体としてよく用いられています。再生専用のCD-ROMや追記可能なCD-R、書き換え可能なCD-RWなどがあります。DVDドライブ（Digital Versatile Disk Drive）は、CDより大容量のデータの読み書きが可能であるDVDに記録されたデータを読み取る装置です。ほとんどのDVDドライブはCDを読み取ることも可能となっています。DVDは基本的に4.7GB、最大で17GBの記憶が可能であるので、データや音楽だけではなく映画など動画の記録媒体としてもよく利用されています。CDと同様、再生専用のDVD-ROMや追記可能なDVD-R、書き換え可能なDVD-RWやDVD-RAMなどがあります。ブルーレイディスクドライブ（Blu-ray Disc Drive）は青紫色のレーザー光で読み書きする大

容量の光ディスクドライブで、ディスクの形状はCDやDVDと同じで
すが50GBのデータを記録することができ、高画質動画の記録媒体とし
て利用されています。ほとんどのブルーレイディスクドライブはブルー
レイディスク（BD）だけではなく、CDやDVDを読み取ることが可能
です。ブルーレイディスクという名称からBlue-ray Discと間違えられ
やすいですが、"e"が入ると「青い色の光ディスク」という一般名詞だ
と解釈され商標登録ができない可能性があるためBlu-ray Diskとなっ
ていると言われています。

　フラッシュドライブは、電源を切ってもデータが消えない不揮発性の
半導体を用いて読み書きする補助記憶装置で、USBメモリ、SDメモリ
カード、microSD、コンパクトフラッシュ、xDピクチャーカードなど
があります。小型軽量で消費電力も少なく携帯に便利であるため、パー
ソナルコンピュータや携帯電話・スマートフォン、ディジタルカメラな
ど様々なIT機器で補助記憶装置として使用されています。なお、一般
にUSBメモリのことを単にUSB（ユーエスビー）と呼ぶこともありま
すが、厳密に言えば誤りです。USBはUniversal Serial Busの略称で、
コンピュータ等の情報機器に周辺機器を接続するためのインターフェー
ス規格の1つです。そのため、フラッシュメモリであるUSBメモリを
USBポート（USBメモリを差し込む接続口）に差し込んで使用すると
いうのが正確な用語の使い方となります。

　コンピュータ本体と周辺装置を接続してデータのやり取りを行うため
の規格をインターフェースといいますが、USBの他にも電波を利用し
て数m程度の距離間でのデータ交換に利用されるBluetooth、赤外線を
利用して1m以内程度の短い距離間のデータ交換に利用されるIrDA
（Infrared Data Association）、AV機器で使用される映像や音声といっ
たデータの入出力に利用されるHDMI（High-Definition Multimedia
Interface、高精細度マルチメディアインターフェース）といった規格
があります[3]。

第11章
情報と技術

5.
ソフトウェアと情報の表し方

（1）ソフトウェアの構成

　「コンピュータ　ソフトなければ　ただの箱」といわれるように、コンピュータのハードウェアはあくまで道具であり、ハードウェアを利用して情報処理を行うためにはプログラムが必要です。狭義のソフトウェアは、そのプログラムのことを意味します。広義ではプログラムやデータ、ハードウェアを効率的に機能させるための利用技術、仕様書やマニュアルなども総称してソフトウェアといいます。ここでは、狭義のソフトウェアであるプログラムについてとりあげます。

　ソフトウェアは大きく分けてシステムソフトウェアと応用ソフトウェアがあります。また、システムソフトウェアは、基本ソフトウェアとミドルウェアに分けられます。

　基本ソフトウェアは、オーエス、オペレーティングシステム（OS: Operating System）と呼ばれ、コンピュータを制御し、アプリケーションソフトなどが各装置を利用可能にするためのソフトウェアのことです。マウスやキーボードでの入力や複数のプログラムの同時立ち上げなどもOSがその機能を持っており、利用者がハードウェアを効率よく利用するための機能をもったソフトウェアです。

　ミドルウェアとは、ソフトウェアの分類のうちOSとアプリケーションソフトの中間的な処理・動作を行うソフトウェアのことで、専門的な処理ではあるものの共通して使用する機会の多い処理や機能を提供しています。用途は特定の専門分野に限られていますが、その分野においては頻繁に利用するような機能がミドルウェアとして提供されることが多いです。例えば、データベース管理システムやLAN制御のための通信管理システム、ソフトウェア開発支援ツール、アプリケーションサーバーなどの多くは、ミドルウェアとして提供されています。

　応用ソフトウェアは、アプリケーションソフトウェアとも言われ、

241

OS上で動き、様々な作業に応じて利用されます。文書の作成を行うワープロソフト、数値の計算や表・グラフの作成にも利用される表計算ソフト、プレゼンテーションソフト、データベースソフト、ゲームソフトといった皆さんにとって身近なソフトウェアから、企業で使われる財務会計ソフトや人事管理ソフト、在庫管理ソフトに至るまですべて応用ソフトウェアです。

（2）情報の表し方

① 数値の表し方

　コンピュータは、電気信号のオフとオンという二つの状態の組み合わせによってデータを処理します。オフとオンを「0」と「1」と置き換えて、その組み合わせですべてを表現します。数値を0と1で表す方法を2進法といい、2進法で表された数値を2進数といいます。普段使用している10進数は、コンピュータでは2進数に変換して処理されます。

図表－2　10進数と2進数

10進数	0	1	2	3	4	5	6	7	8	～	255
2進数	0	1	10	11	100	101	110	111	1000		11111111

② 文字の表し方

　キーボードには数字以外に、アルファベット、かな、記号があり、変換することで漢字も利用しています。しかし、コンピュータは2進数しか扱うことができません。なんとか数字以外も表示するために考え出されたものが文字コードとよばれるコードです。コードは、数字、アルファベットやい記号などを、特定の2進数に割り当てたものです。最小単位の1ビットでは「0」と「1」の2つしか区別ができませんが、8ビット＝1バイトでは、8ケタの2進数をひとかたまりと考えることで256通り（上の表の2進数で0～11111111までが256通り）の「0」と「1」の順列ができるため、例えば「A」は「01000001」、「ア」は、「10110001」のように、アルファベットや数字、カタカナなどは1バイトのコードで

第11章
情報と技術

表現します。漢字は 256 通りでは足りないため、2 バイト（16 ケタ）のコードで表現します。

③ 時間（処理速度）の単位

コンピュータが様々な処理を実行する時間はとても早く、1 秒よりも相当小さな単位で下記の表のような単位が用いられます。

図表－3 時間の単位

単位	時間
1 s （セカンド）	1秒
1 ms （ミリセカンド）	1,000 分の 1 秒
1 μs （マイクロセカンド）	1,000,000 分の 1 秒
1 ns （ナノセカンド）	1,000,000,000 分の 1 秒
1 ps （ピコセカンド）	1,000,000,000,000 分の 1 秒
1 fs （フェムトセカンド）	1,000,000,000,000,000 分の 1 秒

④ 記憶容量の単位

記憶容量の単位は 1,024 倍ずつ大きくなります。これは、2 の 10 乗が 1,024 であり、コンピュータにとって扱いやすいからです。ただし、計算の便宜上 1000 倍を用いることが一般的です。

図表－4 記憶容量の単位

単位	英語名（省略形）	情報量
ビット	Bit （b）	
バイト	Byte （B）	1B ＝ 8b
キロバイト	Kilo Byte （KB）	1KB ＝ 1,024B（約 1000B）
メガバイト	Mega Byte （MB）	1MB ＝ 1,024KB（約 100万 B）
ギガバイト	Giga Byte （GB）	1GB ＝ 1,024MB（約 10億 B）
テラバイト	Tera Byte （TB）	1TB ＝ 1,024GB（約 1兆 B）
ペタバイト	Peta Byte （PB）	1PB ＝ 1,024TB
エクサバイト	Exa Byte （EB）	1EB ＝ 1,024PB
ゼタバイト	Zetta Byte （ZB）	1ZB ＝ 1,024EB
ヨタバイト	Yotta Byte （YB）	1YB ＝ 1,024ZB

■注 ─────────────────────────────

1）総務省は，色々な場面でICTという言葉を用いていますが，ICTを利用した新たな街づくりのひとつとして，愛知県豊田市では「平常時の利便性と急病・災害時の安全性を提供する市民参加型ICTスマートタウン」といった取り組みもなされています。

2）これらの他に，ルール違反や内部犯行，SNSアカウントの成りすまし，インターネット上の誹謗・中傷・いじめ，盗聴，不正請求詐欺などの脅威も指摘されています。

3）その他の補助記憶装置として，フロッピーディスクや光磁気ディスク（MO）といった媒体も利用されてきましたが，最近は使用されることが少なくなっています。

■参考文献 ─────────────────────────────

情報技術の習得や実践に関しては，各種検定試験向けの参考書を参照することをおすすめします。

主な検定試験として，独立行政法人情報処理推進機構が主催している情報処理技術者試験（経済産業省認定の国家資格），マイクロソフト社が主催している同社製品の利用スキルを証明する資格があります。

○情報処理技術者試験

・ITパスポート試験

・基本情報技術者試験

・応用情報技術者試験　ほか

http://www.jitec.ipa.go.jp/

○MOS（マイクロソフト　オフィス　スペシャリスト）

http://mos.odyssey-com.co.jp/index.html

第12章　　　　　　　　　　　CSR: Corporate Social Responsibility

企業の
社会的責任

要約

　CSRとは何でしょうか？：　CSRはCorporate Social Responsibilityの略称で企業の社会的責任のことです。即ち、企業は自らの存続のために利益を上げるとともに社会的責任を果たす必要があるのです。

　それでは、なぜ今CSRが重要なのでしょうか？：　その理由は、「CSRは企業経営そのもの」だからです。

　CSRと深く関係するものには、コーポレートガバナンス（企業統治、Corporate Governance）、リスク管理（Risk Management）、（会社法の）内部統制（Internal Control）、（金融商品取引法の）内部統制、コンプライアンス（法令・企業倫理遵守、Compliance）、フィランソロピー（Philanthropy）そして、メセナ（Mécénat）などがあります。この章では、これらのキーワードの意味とCSRとの相互関係を考えながらCSRマネジメントについて説明し、皆さんの企業経営センスを磨きます。

1. CSRとはなんでしょうか？
CSRは時代や国によって違うのでしょうか？

（1）CSRの定義

　CSRとは、簡単に言いますと、「あらゆるステークホルダー（利害関係者、Stakeholders）と良好な関係を保ちながら（企業に関係する全ての人々を幸せにしながら）、企業と社会の持続的発展をはかること」です。

　これをイメージ図にすると以下のようになります。全てのステークホルダーとコミュニケーションを通して良好な関係を保ちつつ、企業価値を創出し企業・社会が発展していくイメージです。

図表－1　ステークホルダーのイメージ

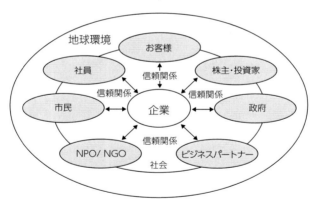

出典：アサヒグループホールディングスHPより

図表－2 CSRのイメージ

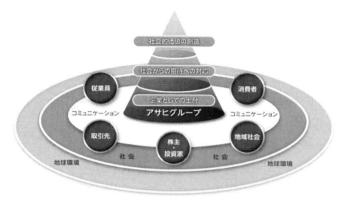

出典：アサヒグループホールディングスHPより

　参考までに、以下にCSRについての様々な説明文を列挙しますので比べてみてください。

　大辞林によると、CSRとは、「企業の社会的責任。企業の責任を、従来からの経済的・法的責任に加えて、企業に対して利害関係のあるステークホルダーにまで広げた考え方。」

　知恵蔵2014によると、「企業は大規模になるほど、株主の私的所有物から社会の所有物、すなわち社会的存在という性格を強める。このことから、企業は株主ばかりでなく、顧客、従業員、取引相手、さらには地域住民といった利害関係者の利益を実現することが求められるようになる。従って、経営者は企業をそうした社会的存在として運営していく責任、すなわち経営者の社会的責任を負っている。単なる法令順守という意味以上に、様々な社会のニーズを、価値創造、市場創造に結びつけ企業と市場の相乗的発展を図ることがCSRである。CSRは企業の信頼構築、競争力を向上させるほか、株価の上昇にも影響を与える。（高橋宏幸　中央大学教授）」

　グロービスのMBA経営辞書によると、「企業が事業活動において利益を優先するだけでなく、顧客、株主、従業員、取引先、地域社会など

の様々なステークホルダーとの関係を重視しながら果たす社会的責任。具体的には、安全で高品質な製品・サービスの提供、環境への配慮、社会的公正・倫理にかなった活動をおこなっているかなどが挙げられる。このような社会的責任を果たすことにより、業務プロセス改善によるコスト低減、技術・サービス革新、企業イメージの向上など様々なメリットがあるといわれ、CSRに積極的に取り組む動きが広がっている。日本でも、従来の「環境報告書」を「CSR報告書」に改題するなど、社会的責任としての活動を広く捉え、アピールする企業が増えてきている。」

　なお、トヨタ自動車のCSRの定義は次のように高邁な理念をもとにしたものです。：「（1）企業が、社会の一員として、（2）①法令遵守だけにとどまらず、②社会から期待される責任を、（ア）企業が直接・間接に関わっていくあらゆるステークホルダー（株主/ユーザー/顧客/従業員/仕入先/行政/地域住民/国際社会等）への影響をバランスよく意識した事業活動を自主的に行って、（イ）本業である事業活動はもちろん、地域社会および国際社会や地球環境保護の場面においても、それを果たすこと。（3）また、本業をベースに身の丈にあった社会への貢献をすること。（4）これにより、企業と社会が共に持続的な発展を続けて、共存共栄していくことを目的とする。（5）この意味においては、CSRを、企業の責任や貢献と捉えるだけでなく、企業自身の持続的発展のため、社会から信頼される企業となることで、ブランド、人材、株価等で競争力をつけて企業価値を向上させる投資とも捉えることができるのであり、Win-Winの関係を構築するものである。」

（2）日本におけるCSRの歴史的変遷

　日本のCSRの原点は、江戸時代の近江商人のポリシーである「三方よし」に見られます。三方よしとは、商売において、「売手」と「買手」だけではなく、「世間」にも喜んでもらえるように取引しなさいというもので今も十分通用する理念といえます。

　企業のCSRに関する報告書については、環境報告書（Environmental

Report）⇒ CSR 報 告 書（CSR Report）⇒ Sustainability 報 告 書
（Sustainability Report）のように、最近ではSustainability報告書の
形をとる企業が増えつつあります。

損保ジャパングループの変遷をそのホームページで見てみましょう。

①初期段階： 1990年〜1998年、環境に重点。

②環境からCSRへ取り組みの本格化の段階： 1999年〜2002年、ステー
クホルダーとのコミュニケーション開始。

③社内へのCSR浸透段階： 2003年〜2006年、CSR・環境推進室設置、
人事部に女性いきいき推進グループ設置、SRIファンド開発、
NPO基盤強化資金助成開始、国連グローバル・コンパクトに署名。
（日本の環境またはCSR報告書発行企業数が1,000社超に。）

④グループ全体への浸透段階： 2007年〜現在、グループのCSR基本
方針制定。

ニッセイ基礎研REPORT2004.5はCSRの変遷について以下のように
分類しています。

①1960年代： 公害、企業不信・企業性悪説⇒住民運動活発化。

②1970年代： 企業の利益至上主義批判⇒公害部新設、利益還元財団
新設。

③1980年代： バブル拡大、地価高騰⇒企業市民としてフィランソロ
ピー・メセナ展開。

④1990年代： バブル崩壊、企業倫理問題、地球温暖化⇒経団連憲章
策定、地球環境部設置、社会貢献実践。

⑤2000年代： 相次ぐ企業不祥事、ステークホルダーの危機感⇒SRI
ファンド登場、CSR格付普及、CSR組織設置、2003年はCSR経営
元年。

上記の「2003年はCSR経営元年」と言われているのは以下の出来事
があったからです。すなわち、2003年以降、松下電器産業（現・パナ
ソニック）やキャノン等がCSR経営への転換をうたい、CSR担当部署
を設置したりCSR担当役員を任命したりしました。同時に経済同友会
も2003年に企業白書「市場の進化と社会的責任経営」を公表しCSRを

実践することの重要性を唱えました。

　なお、皆さんには是非、（社）日本経済団体連合会（経団連）の 2010 年 9 月 14 日に改定された企業行動憲章の「序文」と「社会の信頼と共感を得るための 10 原則」を熟読してほしいと思います。要約しますと、序文にて、企業は持続可能な社会の発展のためにグローバルな視野を持ってステークホルダーとの対話をしながら CSR を自社・企業グループ・取引先に浸透させ人権問題や貧困問題を含めた諸課題に対応するべきと述べています。そして、10 原則にて、企業の消費者・顧客、政治・行政、株主、社会、従業員、各国・地域などのステークホルダーとの関係に具体的に言及し、企業は国内外において人権、法令、国際ルールなどを尊重・遵守しながら持続可能な社会の創造に向けて高い倫理観をもって社会的責任を果たしていくべきと述べています。さらに興味ある人は、企業行動憲章の実行の手引き（第 6 版）という 100 頁近い解説がありますので読破に挑戦してみてください。

（3）CSR の国際的動向

　CSR はグローバルな概念です。経済産業省が平成 26 年 5 月に報告した「国際的な企業活動における CSR（企業の社会的責任）の課題とそのマネジメントに関する調査」によりますと、CSR に関する国際的企業行動規範（ガイドライン,フレームワーク）には以下等があります。

　①国連グローバル・コンパクト（2000 年）

　②ISO26000（社会的責任に関する国際規格、2010 年）

　③OECD 多国籍企業行動指針（OECD 多国籍ガイドライン、1976 年
　　採択後最新では 2000 年に改訂）

　そして、日本では①と②の双方あるいは片方を参照して CSR を実施する企業が多いとのことです。

　また、米国では連邦政府とともに州政府も CSR を推進しており、欧州連合（EU）・欧州委員会とともに英国・ドイツ・オランダ、そして、中国、韓国も国家として CSR を積極的に推進しているとのことです。

　なお、インドでは 2013 年に会社法が改正され、一定要件を満たす企

第12章
企業の
社会的責任

業は3人以上の取締役で構成するCSR委員会を設置して純利益の2%
をCSR活動に支出する義務が明記されました。

2.
CSRに関係する概念には
どのようなものがあるでしょうか？

（1）コーポレートガバナンス（企業統治）

コーポレートガバナンスとは、企業の内部統制の仕組み（不正行為を
防止する機能）のことです。言い換えますと、効率的で適法な企業経営
を行うための最適な仕組みを構築することです。すなわち、取締役、取
締役会、監査役、監査役会、会計監査人、内部監査部門などをどのよう
に会社の機関として配置するかということです。そして、コーポレート
ガバナンス改革とは、企業価値の維持・向上を目的として、経営の「監
督」と「執行」の機能を高めることです。

そして、狭義には、株主利益のために経営者行動を規律する仕組みで
あり、広義には、会社を取り巻く経済主体の行動を適切に動機づけるた
めのメカニズムという説明もなされています。（田中亘・東京大学准教
授・商事法務No.1874,p12参照）

また、コーポレートガバナンスの目的は元々は不祥事防止でしたが、
1990年代後半にパラダイムが変わり、不祥事防止のみならず、企業や国の
経済が発展するための仕組みの模索が目的となったという指摘もありま
す。（神田秀樹・東京大学教授・商事法務No.1849,p17参照）

上記の会計監査人と監査役と内部監査部門の監査は以下のような違い
があります。

会計監査人監査とは、法定のもので、①財務諸表監査（会社法）、②
金融商品取引法監査（金融商品取引法）、そして、③内部統制監査（金
融商品取引法。2008年4月から）があります。①〜③はほとんどオー

251

バーラップしています。

　監査役監査とは、会社法上、取締役の職務執行の監査のことです。会計監査と業務監査があり、業務監査は、業務執行が著しく不当かどうかをチェックします。

　内部監査については、金融商品取引法関連の実施基準（企業会計審議会「財務報告に係る内部統制の評価及び監査に関する実施基準」平成19年2月15日）に内部監査部門の役割が明記されています。会計監査人監査や監査役監査と異なり、内部監査は執行ラインの中の監査ですから、トップダウンで監査事項が決まります。

図表－3　コーポレートガバナンスのイメージ

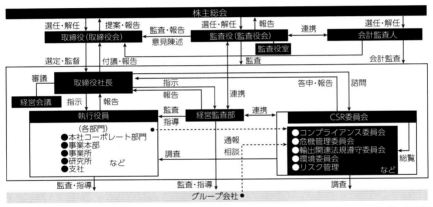

出典：三菱重工業のHPより

　なお、2006年5月1日の会社法の施行により、取締役（会）などの会社の機関の設計の選択肢が広がりました。大会社（資本金5億円以上あるいは負債200億円以上）と大会社以外、公開会社（株式譲渡制限してない会社）と非公開会社（株式譲渡制限している会社）で分類すると以下のような選択肢があります。

第12章
企業の
社会的責任

図表－4　機関設計の選択肢

※（　）は任意選択。また、最近は、上場企業の社外取締役が増加傾向。

	大会社（資本金5億円以上or負債200億円以上）	大会社以外（従来の中・小会社）
公開会社	326条、327条、328条1項 取締役会 ┌ 監査役会　会計監査人　（会計参与） 　　　　└ 三委員会　会計監査人　（会計参与）	326条、327条 取締役会 ┌ 監査役　　（会計監査人）（会計参与） 　　　　├ 監査役会（会計監査人）（会計参与） 　　　　└ 三委員会　会計監査人　（会計参与）
非公開会社	《取締役会設置会社》326条、327条、328条2項 取締役会 ┌ 監査役会　会計監査人　（会計参与） 　　　　├ 三委員会　会計監査人　（会計参与） 　　　　└ 監査役　　会計監査人　（会計参与） 《取締役会非設置会社》326条、327条3項、328条2項 取締役　　　監査役　会計監査人　（会計参与） （一人でも可）　（一人でも可）	《取締役会設置会社》326条、327条 取締役会 ┌ 監査役会（会計監査人）（会計参与） 　　　　│ 会計参与 　　　　├ 監査役　（会計監査人）（会計参与） 　　　　└ 三委員会　会計監査人　（会計参与） 《取締役会非設置会社》326条、327条3項 取締役　　（監査役）（会計監査人）（会計参与） （一人でも可）（一人でも可）注：会計監査人設置→監査役必要

・取締役会を設置した場合、取締役は3名以上必要　それ以外の場合は取締役は1名で足る。
・監査役会を設置した場合、監査役は3名以上必要　（内1名は常勤監査役で、半数以上は社外監査役）。
・監査役会を設置しない場合、監査役は1名で足り、非常勤・社外で可。
・取締役の任期：2年以内、監査役の任期：4年（取締役の任期を1年にすれば、取締役会限りで期中の利益配当可能）。
・非公開会社の取締役・監査役の任期は、定款で最長10年まで伸長可能（ただし委員設置会社の取締役は任期1年）。
・非公開会社の取締役会非設置会社では、株主総会が会社の全ての意思決定を行うことが出来る。

（2）リスク管理

　リスク管理とは、経営目標達成を阻害する要因を管理することです。そして、リスクアプローチとは、優先順位付けされたリスクを管理することです。たとえば、某自動車部品メーカーにおいては、以下のようにリスク管理しています。：　Ⅰ.重要案件については予算制度・稟議制度等による事前審査を通じてリスクを点検し、社内規定に基づいて取締役会や常務会などの各種会議体へ適時・適切に付議。Ⅱ.CSR関連の委員会が策定する方針と指示に基づき、各部署がリスク点検を行い、内部監査部門および専門部署が統制活動を実施。Ⅲ.問題が発生した場合、直ちに専門部署に相談し、迅速に事実確認を行い適切な対応をとる。上記の活動は、別の観点から見ると、①統制環境、②目標設定、③事象識別、④リスク評価、⑤リスク対応、⑥統制活動、⑦情報伝達、⑧モニタリングという八つの要素から構成されています。

　そして、上記メーカーでは、リスクと担当部署を以下のように分類して全社的に対応しています。

253

図表－5 メーカーのリスク・担当部署一覧表の例

リスク種類	担当部署	リスク内容
リスク全般	経営管理部	(注：経営企画部がリスク全般に関する事務局となり統括)
意思決定リスク	経営管理部	意思決定の誤り・遅れ
風評リスク	広報部	リスク発生時のマスコミ対応不全 (不適当な情報によるブランド力低下)
輸出管理リスク	輸出管理部	輸出関連法令違反
コンプライアンスリスク	法務部	契約リスク、法令違反、社員の不祥事、紛争（訴訟）リスク、反社会的勢力との取引
機密情報漏洩リスク	総務部	機密・個人情報漏洩、不正な手段による取得・使用・開示
大規模災害リスク	総務部	大規模地震、新型インフルエンザ、火災および暴風・洪水等の自然災害
情報リスク	情報システム部	情報セキュリティ、災害・障害によるシステムダウン、ソフトウェアライセンス違反リスク
安全衛生リスク	安全衛生部	労働災害、メンタル不全、交通事故、安全規制法令違反
品質リスク	品質保証部	当社責任による重大事故の発生、当社責任によるリコールの発生、市場品質問題の発生、納入品質問題の発生
環境リスク	環境管理部	環境測定値基準値超過、土壌汚染、環境使用禁止物質の使用、廃棄物処理違反
人事労務リスク	人事部	不適正労働（無償残業）、人材配置の不適正、人権問題、労働争議
知的財産リスク	知的財産部	他社特許権利侵害、他社による自社特許侵害、技術契約の不履行、模造品流通、類似商標の被使用、特許権利化漏れ・遅れ、他者の著作権侵害
商品開発リスク	技術部	商品力のある開発商品の不足・遅れ、設計原因による商品の品質不良
営業リスク	営業部	与信リスク、市場ニーズの変化、特定マーケットへの依存、カントリーリスク、在庫リスク
調達リスク	調達部	市場変動による調達価格高騰、仕入先経営リスク
財務リスク	経理部	為替・金利変動リスク、税務リスク（移転価格税制、追徴課税）、自社株の価格変動、投資有価証券の価格変動、格付けの下落、銀行与信の縮小

第12章
企業の
社会的責任

（3）（会社法の）内部統制

　会社法の内部統制とは、「事業の効率性・適法性の確保」と「リスクの適切な管理」などのための仕組みです。従来から、取締役には内部統制を構築し維持する義務があると考えられていましたが、2006年5月1日施行の会社法で明記されました。そして、企業不祥事を防ぐためにも会社法の内部統制に含まれるリスク管理の体制を整備すべきと言われています。

　さらに、会社法の内部統制の詳細な定義は以下のようなものです。：基本的に、業務の有効性および効率性、財務報告の信頼性、事業活動に関わる法令などの遵守、ならびに、資産の保全の4つの目的が達成されているとの合理的な保証を得るために、業務に組み込まれ、組織内の全ての者によって遂行されるプロセスをいい、統制環境、リスクの評価と対応、統制活動、情報と伝達、モニタリング（監視活動）、および、IT（情報技術）への対応の6つの基本的要素から構成されます。

　また、取締役は内部統制に関し以下の義務を負います。：　①内部統制の仕組みを整備する義務。②大会社は「内部統制システムの整備に関する基本方針」を取締役会で決議。（会社法第362条：　主な項目として、コンプライアンス徹底、各種規程見直し、内部通報取扱い、子会社管理、リスク管理、取締役会・監査役による監視体制があります。）③前記②の決議をした会社は、（会社法施行規則第118条によって）その概要を事業報告で開示することになっています。

（4）（金融商品取引法の）内部統制

　金融商品取引法（2007年12月施行）の内部統制として、米国企業改革法第404条と同様に、2008年4月から四半期報告・内部統制報告書の提出が義務付けられました。そして、上場企業は財務計算書類等が適正であることについて経営者による確認が義務づけられるとともに、内部統制に関する経営者の評価と公認会計士による監査が義務づけられました。内部統制の欠陥は最終的には決算数字に表れますので、これまでも財務諸表の監査を通じて内部統制が点検されてきました。しかし、それでも業績や財務状況を偽装する重大事件があとを絶たないため、数字

255

の正確性を支える内部統制そのものの有効性を経営者に評価させ、さらにその評価を会計監査人に監査させることによって、財務報告の信頼性を強化しています。

内部統制報告書に「重要な事項について虚偽の記載があった場合」、「記載すべき重要な事項若しくは誤解を生じさせないために必要な重要な事実の記載が欠けている場合」には、金融商品取引法第22条の有価証券報告書の虚偽記載のときの賠償責任の条文が金融商品取引法第24条の4の6により準用されます。

金融商品取引法に関連する基準などには以下があります。

- 内閣府令（金融庁）：財務計算に関する書類その他の情報の適正性を確保するための体制に関する内閣府令（内部統制府令）、2007年8月10日（2008年6月6日最終改正）
- ガイドライン（金融庁総務企画局）：「財務計算に関する書類その他の情報の適正性を確保するための体制に関する内閣府令」の取扱いに関する留意事項について（内部統制府令ガイドライン）、2007年10月2日（2009年3月改正）
- 基準（企業会計審議会）：財務報告に係る内部統制の評価及び監査の基準、2007年2月15日
- 実施基準（企業会計審議会）：財務報告に係る内部統制の評価及び監査の実施基準、2007年2月15日
- Q&A（金融庁総務企画局）：内部統制報告制度に関するQ&A、2007年10月2日（追加：2008年6月24日、2009年4月2日）
- 委員会報告（日本公認会計士協会監査・保証実務委員会）：監査・保証実務委員会報告第82号「財務報告に係る内部統制の監査に関する実務上の取扱い」、2007年10月24日

なお、会社法や金融商品取引法以外に「東京証券取引所の上場規則の内部統制」があり、その内容は以下です。：上場企業は、内部統制システムの整備状況を「コーポレートガバナンスに関する報告書（ガバナンス報告書）」に記載し、東京証券取引所に提出するとともに、その内容

第12章
企業の
社会的責任

を開示します。2006年5月から適用開始されました。

　内部統制については、上述のように、会社法の内部統制と、金融商品取引法（いわゆるJ-SOX法）の内部統制があり、両者の関係は、一般的には、J-SOX法の内部統制は、会社法の内部統制の一部、即ち、財務の面についての内部統制がJ-SOX法の内部統制とされます。しかし、J-SOX法の内部統制確立のためには、財務に絞った内部統制のみ行えば必要十分とは必ずしも言えないとの理由により、同時により幅広い要求事項を含む会社法の内部統制を確立することが、これまで以上に求められているのです。（例えば、「財務諸表は企業のいろいろな活動の成果を集約したものですから、本来はすべての統制活動がうまく機能した結果の上に成り立つ。まずは会社全体の統制レベルをバランスよく上げていって、最後に財務報告に係る内部統制の有効性の議論ができる。会社法が求めている『企業集団の業務の適正を確保する体制』とは、そういった理想形を想定している。」（鶯地隆継（おうちたかつぐ）住友商事フィナンシャル業務部長・商事法務No.1821,p10参照））

（5）コンプライアンス（法令・企業倫理遵守）

　コンプライアンスは、法令遵守ないしは法令・社会規範・内部規範（定款・規則・規準等）・企業倫理遵守のことをいいます。一般に法令遵守（順守）と訳されることが多いが、その内容は「法令の文言のみならず、その背後にある企業倫理や社会規範を守り実践することです。そして、コンプライアンス経営とは、高い倫理基準に基づく公正で誠実な企業行動の遂行を目指すことです。

　このようにコンプライアンスは企業倫理も含みますので、エシカル（Ethical）といわれる活動の一部も含みます。Wikipediaによりますと、「エシカルとは、倫理的・道徳上という意味の形容詞で、近年は、英語圏を中心に倫理的活動をエシカル〇〇〇〇と表現し、環境保全や社会貢献という意味合いが強くなっており、身近な倫理的活動としては、主にエシカルコンシューマリズムが挙げられる。」とのことです。また、エ

257

シカルには人権を守る活動も含まれます。例えば、株式会社HASUNAは、高品質な宝石を製造・流通する過程で人権侵害がなされていないかどうかチェックするとともに、各国の現地の宝石作りに関わる人々が搾取されずに自らの力で幸せになれるシステム作りに挑戦し続けていますので、皆さんも是非、株式会社HASUNAのホームページを見てください。

　なお、コンプライアンスのための内部通報制度も企業内外で充実してきました。内部通報制度とは、企業内に人事部・総務部・法務部などの部署に相談窓口を置き、かつ（あるいは）、企業外に担当の弁護士を置き、従業員・取引先などからの顕名・匿名の電話・メールなどでの相談を受け付け、担当部署・関連部署・弁護士が連携して調査・処分・再発防止策を実施するものです。このように企業が自主的に設置する内部通報制度は、企業のコンプライアンスのための自浄作用的な役割を果たしているのです。

（6）社会貢献

　上述（5）で紹介しましたエシカル（Ethical）も社会貢献的な面がありますし、以下の概念も社会貢献に含まれます。

　フィランソロピー（Philanthropy）とは、企業による人々の幸福・健康のための奉仕的慈善活動のことです。

　メセナ（Mécénat）とは、企業が文化・芸術活動を支援する慈善的活動のことでフィランソロピーの一部です。

　これら社会貢献は、多数の利害関係者に配慮した経営に無関係ではありませんのでCSRに含まれると考えてよいでしょう。

（7）SRI（社会的責任投資、Socially responsible investment）

　SRIとは、企業のCSRの状況を考慮して投資することです。投資ファンド等は、企業を評価するときに、減点主義（ネガティブスクリーニング）や加点主義（ポジティブスクリーニング）等の手法を駆使しながらCSRに熱心な企業を選別して投資対象にするのです。

　ところで、IR（インベスター・リレーションズ、Investor Relations）

第12章
企業の
社会的責任

とは、企業が投資家に向けて経営・財務・業績等の状況を発信する活動ですが、上述のように投資家からCSRに真剣に取組んでいるかどうかもチェックされる傾向が今後益々強まっていくでしょう。

3.
CSRのイメージを
どのように持てばよいのでしょうか？

　前項で説明した様々な概念とCSRの関係を図にすると以下のようになります。すなわち、CSRは、コーポレートガバナンス、リスク管理、（会社法の）内部統制、（金融商品取引法の）内部統制、コンプライアンス（法令・企業倫理遵守）、フィランソロピー（Philanthropy）そして、メセナ（Mécénat）などをすべて包含しているのです。
　各用語の相互関係ないしは包含関係については、以下のように理解することができます。

　　CSR ＞ コーポレートガバナンス・監査・内部統制・リスク管理・
　　　コンプライアンスなど
　　コーポレートガバナンス ＞ 内部統制
　　コーポレートガバナンス ＞ 監査（会計監査人監査・監査役監査・内
　　　部監査)
　　内部統制（会社法）＞内部統制（金商法）(＞内部統制（東京証券取引
　　　所上場規則))
　　リスク管理＝コンプライアンスリスク管理＋オペレーションリスク管
　　　理
　　コンプライアンス ＞ 内部通報
　　リスク管理 ＞ コンプライアンス＞ 内部通報
　　以上を図示すると次のようになります。

259

図表−6 CSRに関連する概念の相関関係図

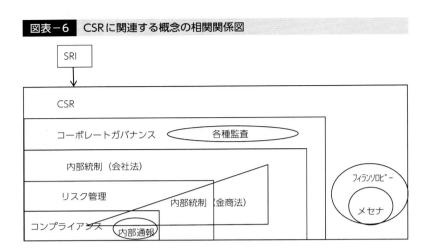

　これは私独自のCSR関連イメージ図で絶対的なものではありませんが、経営そのものであるCSRを広く解釈することが妥当であると思います。上記の図の外、コーポレートガバナンスを狭義に捉え内部統制を含むのではなく内部統制とともにCSRに含まれるとする人々や、フィランソロピーやメセナをCSRとは別の概念であるとする人々もいますが、皆さんには、あまり異なる定義にこだわりすぎず最初は大雑把でもいいので自分なりのCSRのイメージを持ってほしいと思います。

4.
CSRマネジメントとは何でしょうか?

　CSRマネジメントとは、CSRに含まれるコーポレートガバナンス（企業統治）、リスク管理、内部統制（会社法）、内部統制（金融商品取引法）、そして、コンプライアンス（法令・企業倫理遵守）を有機的に相互作用的に組合せながら、戦略的に企業経営していくことです。
　たとえば、CSRは本当に役立っているのか（企業価値を高めている

第12章
企業の
社会的責任

のか）について統計的に分析した結果、次のような結論に達した研究があります：「日本のCSRは、戦略的な「投資」にはなっていないものの、賢明な「支出」にはなっていると考えられる。」（遠藤業鏡『CSR経営が企業価値に及ぼす効果』経済経営研究 Vol.34 No.2 2013年6月、日本政策投資銀行設備投資研究所、p.25）

それでは、CSRに戦略的投資効果を持たせ企業価値を高めるためにはどうしたらよいのでしょうか？

そのためには、企業トップは、あらためてCSRを「企業経営（企業活動・企業の本業）そのもの、企業の本業と一体化」とし経営の中核に位置づけて取り組んでいく必要があります。

そして、自社のCSRを実現するために、自社の得意分野における重要課題（Materiality）を特定し、その解決に向けて自社の経営資源を戦略的に最大限有効活用するための戦略・戦術を練り上げ実行に移すことが必要なのです。その結果として、企業価値が向上し、社会と共有しうる共通価値を創造すること（CSV: Creating Shared Value）が可能になるのです。すなわち、企業には真のCSRマネジメントがCSVのためにも必要とされているのです。

コラム：各社のCSR

皆さんが興味のある会社のホームページで、その会社がCSRについてどのように考え（どのようにCSRの諸課題に優先順位をつけて）活動しているのかを見てください。そうすれば会社の企業文化や社風の一端が分かりますので、将来の就活にもきっと役立つはずです。

以下は、どの会社のホームページを見ようか迷ったときのお薦めの会社です。
・パナソニック（CSR・環境）
・日立（CSRへの取り組み）
・三菱重工業（CSRへの取り組み）
・アサヒホールディングス（環境・社会）
・HASUNA（エシカルについて、素材取引国について）

■参考文献等 ─────────────────────────────

入門書としては、
・末永国紀『近江商人学入門－CSRの源流「三方よし」』（淡海文庫）2004年

さらに専門的に研究したい人には、
・岩井克人・小宮山宏編著『会社は社会を変えられる　社会問題と事業を＜統
　　合＞するCSR戦略』（プレジデント社）2014年
・玉村雅敏編著『ソーシャルインパクト－価値共創（CSV）が企業・ビジネス・
　　働き方を変える』（産学社）2014年

フェアトレードの切り口からCSRにも言及しているものとしては、
・渡辺龍也『フェアトレード学－私たちが創る新経済秩序』（新評論）2010年

以下は、インターネットで閲覧・取得可能です。
・日本経済団体連合会（経団連）『企業行動憲章「序文」「社会の信頼と共感を
　　得るための10原則」「実行の手引き（第6版）」』2010年9月14日改定版
・経済同友会『日本企業のCSR ‐ 進化の軌跡－』2010年4月
・経済産業省『国際的な企業活動におけるCSR（企業の社会的責任）の課題
　　とそのマネジメントに関する調査報告書』2014年5月
・日本政策投資銀行『CSR経営が企業価値に及ぼす効果』（日本政策投資銀行
　　設備投資研究所編経済経営研究Vol.34 No.2）2013年6月

　そのほか、DVDのドキュメンタリーで、
『ザ・コーポレーション』アップリンク、監督マーク・アクバー，ジェニフ
ァー・アボット、2006年もお薦めです。その理由は、CSRに本気になって取
り組まない会社が社会に甚大な害悪を与えてきた多くの実例を見ることができ
るからです。

第13章

Statistics

統 計

要 約

統計分析は大きく、記述統計と推測統計に分類されます。記述統計は、手元にある統計データの持つ情報を明らかにするための分析です。推測統計は、手元にあるデータを全体の一部と捉え、一部のデータから手元にない全体を推測する分析です。本章の内容は、確率理論の知識を必要としない記述統計の範囲です。

具体的には、第1節では統計分析のスタートに当たる統計データの分類を紹介します。第2節では、度数分布表とヒストグラムを紹介します。第3節では、データの位置を表す位置の代表値を紹介します。第4節では、データの散らばりを表す尺度を紹介します。第5節では、対をなす2種類のデータの関係性を表す相関係数について紹介します。

1.
統計データの分類

　統計データの分析はデータの分類に始まります。データの性質により、グラフ表現も異なれば、統計データを要約する尺度も異なります。本節では、データの分類とその判別方法を紹介します。

（1）質的データと量的データ

　統計データはその性質により、大きく**質的データ**と**量的データ**に分類されます。一般的に、数や量で測れないデータを**質的データ**といい、この種のデータを格納する変数を**質的変数**といいます。たとえば、性別を表わす変数は質的変数です。この変数を x で表せば、次のとおりです。

　　　$x = \{男性, 女性, \cdots, 女性, 女性\}$

　いま男性を1、女性を0と表すように変数を変更すれば、x に格納されたデータは下記のとおり表されます。

　　　$x = \{1, 0, \cdots, 0, 0\}$

　このように、質的変数も数値化することはできますが、数値自体は意味をもちません。女性を1、男性を0、または女性を10、男性を0と表しても何ら問題ありません。質的データのグラフ表現には、各値をとる観測値の個数から棒グラフが、また観測値の合計を1としたときの各値をとる観測値の割合から円グラフ、帯グラフなどが作成されます。

　一方で、数や量で測れるデータを**量的データ**といい、またこの種のデータを格納する変数を**量的変数**といいます。たとえば、身長を表わす変数は量的変数です。この変数を y で表せば、次のとおりです。

　　　$y = \{150, 151, \cdots, 160, 161\}$

　量的データのグラフ表現には、各値をとる観測値の個数からヒストグラム、幹葉図、レーダーチャートなどが作成されます。

　質的データと量的データの分類方法として、2つあります。1つ目は、データを足し算あるいは引き算した値が意味を持つか否かです。データ

が意味を持つときそのデータは量的データです。2つ目は統計データが単位（例：歳、円、度など）をもつか否かです。データが単位を持つときそのデータは量的データです。当然ながら、1番、2番などの順位は単位に当たりません。

（2）名義尺度、順序尺度、間隔尺度、比例尺度

　質的データおよび量的データはその性質によりさらに2つずつに分類され、4つの尺度に分けられます。具体的には、質的変数は名義尺度と順序尺度に分類され、量的変数は間隔尺度と比例尺度に分類されます。

　統計データのうち、順序がつけられないものを名義尺度といいます。上述した性別に関する統計データの他に、仮に血液型、職業などを数値化したとしても、それらの数の大小には意味がありません。

　次に、上記の条件は満たすものの、足し算あるいは引き算が意味を持たない統計データを順序尺度といいます。順位、等級などは順序尺度です。さらに、レストランなどでよく見かけるアンケートの選択肢「1.満足　2.どちらともいえない　3.不満足」などもこれに当たります。これらの統計データの数値は順序を示し大小には意味がありますが、加減の演算はできません。

　さらに、上記までの条件は満たすものの、掛け算、割り算が意味を持たない統計データを間隔尺度といいます。カレンダーの日付、気温などは間隔尺度です。少し気温のデータについて考えてみると、昨日が20℃であり今日が30℃であるとき、「昨日と比べて今日は10℃暖かい」といえますが、一方で「昨日と比べて今日は1.5倍暖かい」とはいえません。

　最後に、上記したすべての条件をみたす統計データを比例尺度といいます。身長、年齢、重量、売上高などは比例尺度です。これらの統計データは数値の差と比の両方に意味があり、加減乗除の演算ができます。

図表-1 統計データの分類

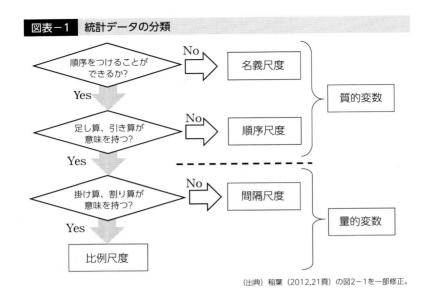

（出典）稲葉（2012,21頁）の図2-1を一部修正。

2. 度数分布表とヒストグラム

（1）度数分布表

図表-2のような統計表は度数分布表と呼ばれます。度数分布表は、データの中心や散らばりの様子を大まかに表わします。図表-2はあるパン屋の月別売上高（万円）のデータから作成した度数分布表です。

図表-2　度数分布表

階級（単位：万円）			階級値	度数
以上		未満		
0	～	10	5	1
10	～	20	15	1
20	～	30	25	3
30	～	40	35	4
40	～	50	45	7
50	～	60	55	6
60	～	70	65	2
計			－	24

第13章
統計

　図表-2において、「0~10」「10~20」など、データを大きさによって
分ける組を階級（class）といい、その中央の値を階級値といいます。また、
各級に入るデータの数を度数（frequency）といいます。さらに、各階級
の上限と下限の差異、「20~30」の階級における10という一定の幅は階
級間隔（class interval）といいます。度数分布（frequency distribution）
とは度数がいろいろな級に分かれて広がる様であり、それを表したもの
が度数分布表（frequency distribution table）です。
　各階級の度数をデータの総数で割った値を相対度数といいます。相対
度数は総数を100％として各階級における度数の占める割合をパーセン
トで表わします。また、各階級の度数の累積を累積度数といい、また各
階級の相対度数の累積を累積相対度数といいます。
　図表-2の度数分布表のデータをもとに、相対度数、累積度数、およ
び累積相対度数を追加した度数分布表を作成すれば、次のとおりです。

図表-3 度数分布表

階級(単位:万円) 以上 ～ 未満			階級値	度数	相対度数 (%)	累積度数	累積相対度数 (%)
0	～	10	5	1	4	1	4
10	～	20	15	1	4	2	8
20	～	30	25	3	13	5	21
30	～	40	35	4	17	9	38
40	～	50	45	7	29	16	67
50	～	60	55	6	25	22	92
60	～	70	65	2	8	24	100
計			－	24	100	－	－

　度数分布表は階級の数を適切に決める必要があります。階級数が多す
ぎたり少なすぎたりするとき、度数分布表はデータの中心や散らばりの
様子を表わすことができません。
　適切な階級の数 m は、具体的なデータの数 n を下記のスタージスの
公式に代入することによって求められます。

$$m \fallingdotseq 1 + 3.32 \times \log_{10} n \qquad (2.1)$$

ただし、スタージスの公式は絶対的なものではなく、あくまでも1つ

の指針です。

(2) ヒストグラム

ヒストグラムとは、横軸に階級をとり縦軸に度数を示すことによって、度数分布表をグラフ化したものです。ヒストグラムの作成により、データが集中している階級、データが分布している範囲、および分布の形状が、度数分布表よりも捉えやすくなります。

ヒストグラムとよく似たグラフに棒グラフがあります。棒グラフが柱の高さによって度数を表わすのに対して、ヒストグラムは面積（階級の数×棒の高さ）によって度数を表わします。データが与えられた際にどちらを作成するかは、横軸を表わす統計データがどの種類の尺度に分類されるのかによって決まります。統計データが質的データの場合は棒グラフを、量的データの場合はヒストグラムを作成します。

また、ヒストグラムから様々な分布の特徴が確認できます。具体的には、図表－4に示したとおり、(1)データの中心位置、(2)データの散らばりの程度、(3)分布のピークの数、(4)分布の対称性などが確認できます。

図表－4　ヒストグラム

(1)データの中心位置

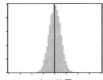

中心位置

(2)データの散らばりの程度

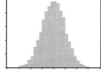
a.散らばりが大きい分布

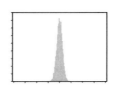
b.散らばりが小さい分布

第 13 章
統計

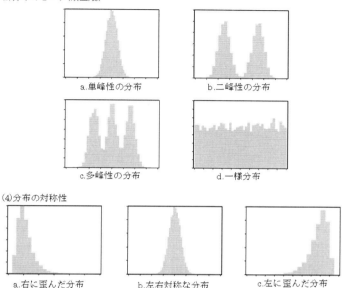

(出典) 白砂堤 (2009,4頁) の図1-1を一部修正。

---

3. 位置の代表値

　位置の代表値とは、データの分布の中心を表す尺度です。本節では、算術平均、中央値、および最頻値を紹介します。

(1) 算術平均

　位置の代表値のなかでも日常生活で最も用いられるのが、算術平均です。算術平均は観測値 $x_1, x_2, \cdots, x_n$ の和を観測値の総数 n で割ったものです。算術平均は記号 $\bar{x}$ (「エックスバー」と読む) によって表されます。

$$\bar{x} = \frac{\sum_{i=1}^{n} x_i}{n} = \frac{x_1 + x_2 + \cdots + x_n}{n} \qquad (3.1)$$

例 3.1　ある病院で生まれた新生児 40 人の体重を調査したところ、

次の結果を得ました。

2977	3060	2920	2913	2982	3017	2921	2906	3074	2951
3072	3068	2935	3073	3000	3034	3056	3062	2896	3027
3011	3050	3005	2898	2939	2919	2966	2945	2961	2942
3000	2956	3041	3058	2999	2944	2967	3086	3042	2927

新生児 40 人のデータを変数 x に格納すれば、新生児の平均体重 $\bar{x}$ は、次のとおりです。

$$\bar{x} = \frac{\sum_{i=1}^{40} x_i}{40} = \frac{2977 + 3060 + \cdots + 2927}{40} = \frac{119600}{40} = 2990$$

新生児 40 人の平均体重は 2990g です。

算術平均は、3 つの重要な性質を有しています。ここでは、それらについて確認します。まず、算術平均は統計データの 1 次変換を保持します。1 次変換とは、次式のように a, b を定数とする 1 次式により観測値 $x_1, x_2, \cdots, x_n$ を $y_1, y_2, \cdots, y_n$ に変換することです。

$$y_i = a + b \times x_i \qquad i = 1, 2, \cdots, n \qquad (3.2)$$

「算術平均が 1 次変換を保持する」とは、1 次変換によって得られた y_i の算術平均について次式が成り立つことを意味します。

$$\bar{y} = a + b\bar{x} \qquad\qquad (3.3)$$

すなわち、x_i と y_i の間の 1 次関係式が両者の算術平均 $\bar{x}$ と $\bar{y}$ の間にもそのまま成り立ちます。

例 3.2 例 3.1 の新生児 40 人の体重 x を次式によって 1 次変換します。

$$y_i = -200 + 0.1 \times x_i \qquad i = 1, 2, \cdots, n$$

1 次変換によってもたらされる y は、次のとおりです。

97.7	106	92	91.3	98.2	101.7	92.1	90.6	107.4	95.1
107.2	106.8	93.5	107.3	100	103.4	105.6	106.2	89.6	102.7
101.1	105	100.5	89.8	93.9	91.9	96.6	94.5	96.1	94.2
100	95.6	104.1	105.8	99.9	94.4	96.7	108.6	104.2	92.7

1 次変換によってもたらされた y の算術平均は (3.1) 式により次のと

おりです。

$$\bar{y} = \frac{\sum_{i=1}^{40} y_i}{40} = \frac{97.7 + 106 + \cdots + 92.7}{40} = \frac{3960}{40} = 99$$

また、算術平均が1次変換を保持することから、算術平均 $\bar{x}$ と $\bar{y}$ の間にも次式が成立します。

$$\bar{y} = -200 + 0.1 \times \bar{x}$$

このことを確認するために、上式の $\bar{x}$ に 2990 を代入すれば、その値はやはり y の算術平均である 99 に一致します。

次に、算術平均からの偏差の和は常に 0 です。算術平均からの偏差とは個々の統計データ x_i の平均 $\bar{x}$ からの乖離であり、$x_i - \bar{x}$ によって計算されます。したがって、「算術平均からの偏差の和は常に 0 である」とは、次式が成立することを意味します。

$$\sum_{i=1}^{n}(x_i - \bar{x}) \equiv 0 \qquad\qquad (3.4)$$

偏差 $x_i - \bar{x}$ は x_i が $\bar{x}$ より大きければプラスの値、小さければマイナスの値をとります。(3.4) 式は観測値全体ではプラスの値とマイナスの値が打ち消し合って、偏差の合計が 0 になることを表わしています。

例3.3　例3.1の新生児40人の体重 x の平均は2990でした。この平均値を用いて偏差を求めれば次のとおりです。

-13	70	-70	-77	-8	27	-69	-84	84	-39
82	78	-55	83	10	44	66	72	-94	37
21	60	15	-92	-51	-71	-24	-45	-29	-48
10	-34	51	68	9	-46	-23	96	52	-63

偏差の合計は、次式のとおりです。

$$\frac{\sum_{i=1}^{40}(x_i - \bar{x})}{40} = \frac{(-13) + 70 + \cdots + (-63)}{40} = \frac{0}{40} = 0$$

やはり、算術平均からの偏差の和は 0 になりました。

最後に、算術平均からの偏差の平方和はいかなる一定値からの偏差の平方和よりも小さい。平均からの偏差は $x_i - \bar{x}$ でした。その平方和である「算術平均からの偏差の平方和」とは次のとおりです。

$$\sum_{i=1}^{n} (x_i - \bar{x})^2$$

したがって、「算術平均からの偏差の平方和は他のいかなる一定値からの偏差の平方和よりも小である」とは、a を任意の定数とするとき、次式が成立することを意味します。

$$\sum_{i=1}^{n} (x_i - \bar{x})^2 \leqq \sum_{i=1}^{n} (x_i - a)^2 \qquad (3.5)$$

例 3.4　例 3.1 の新生児 40 人の体重 x の 3000 からの偏差を求めれば次のとおりです。

-23	60	-80	-87	-18	17	-79	-94	74	-49
72	68	-65	73	0	34	56	62	-104	27
11	50	5	-102	-61	-81	-34	-55	-39	-58
0	-44	41	58	-1	-56	-33	86	42	-73

このとき、偏差の平方和は次式のとおりです。

$$\sum_{i=1}^{40} (x_i - 3000)^2 = (-23)^2 + 60^2 + \cdots + (-73)^2 = 138802$$

一方で、算術平均からの偏差の平方和は次のとおりです。

$$\sum_{i=1}^{40} (x_i - 2990)^2 = (-13)^2 + 70^2 + \cdots + (-63)^2 = 134802$$

やはり、算術平均からの偏差平方和はその他の値からの偏差平方和よりも小さくなりました。また、これらのことは証明することも可能ですが、頁の関係で省略します。

(2) 中央値

中央値とは統計データを大きさ順に並べたとき、ちょうど中央に位置する統計データです。一般に、n 個の観測値 $x_1, x_2, \cdots, x_n$ を小さい順に

並べたものを下記のように表します。

$$x_{(1)}, x_{(2)}, \cdots, x_{(n)}$$

このとき、データの数 n が奇数である場合には $x_{\left(\frac{n+1}{2}\right)}$ を中央値とします。一方、n が偶数である場合には $x_{\left(\frac{n}{2}\right)}$ と $x_{\left(\frac{n}{2}+1\right)}$ の平均を中央値とします。統計データを並べる際に、同じ観測値が複数ある場合でも重複した回数だけ並べます。一般的に、中央値は記号 Me で表わされます。

例3.5　例3.1の新生児40人の体重 x を小さい順に並べれば、次のとおりです。

2896	2898	2906	2913	2919	2920	2921	2927	2935	2939
2942	2944	2945	2951	2956	2961	2966	2967	2977	2982
2999	3000	3000	3005	3011	3017	3027	3034	3041	3042
3050	3056	3058	3060	3062	3068	3072	3073	3074	3086

データの総数は40ですから、$x_{(20)}$ と $x_{(21)}$ の平均が中央値となります。いま、$x_{(20)}$ が2982であり、$x_{(21)}$ が2999です。したがって、中央値は次のとおりです。

$$Me = \frac{x_{(20)} + x_{(21)}}{2} = \frac{2982 + 2999}{2} = 2990.5$$

（3）最頻値

最頻値とは、最も数多くのデータが集中している値です。最頻値は、中央値と同様に全ての統計データの情報を集約しません。一方で、算術平均はすべての統計データを使用するため、すべての統計データの有する情報が反映されるという長所があります。しかし、算術平均は外れ値の影響を受けやすいという欠点もあります。

例3.6　例3.1の新生児40人の体重 x では、2つの統計データが3000をとり、それ以外の統計データがそれぞれ異なる値をとることから、最頻値は3000です。

4.
ばらつきを表わす尺度

データのばらつきを表わす尺度はデータの性質および分析の目的に合わせて多様ですが、ここでは、範囲、四分位偏差、平均絶対偏差、分散および標準偏差を紹介します。

（1）範囲

範囲 (range) とは、データの最大値と最小値の差です。一般的に、範囲は記号 R で表されます。いま最大値を x_{max}、最小値を x_{min} と表せば、範囲は次のように定式化されます。

$$R = x_{max} - x_{min} \qquad (4.1)$$

例 4.1 例 3.1 の新生児 40 人の体重 x では、最大値が 3086、最小値が 2896 です。したがって、範囲は次のとおりです。

$$R = 3086 - 2896$$
$$= 190$$

（2）四分位偏差

四分位数（quartile）とは、全体のデータを小さい方から大きい方へ順番に並べたとき、データ数を 4 等分する位置の値のことです。したがって、四分位数は 3 つ存在します。最初の境界線値を第 1 四分位数 Q_1、次の境界線値を第 2 四分位数 Q_2、次の境界線値を第 3 四分位数 Q_3 と呼びます。なお、第 2 四分位数は中央値 Me と同じです。

四分位範囲（interquartile range）は第 3 四分位数 Q_3 と第 1 四分位数 Q_1 の差異であり、次式のとおり定式化されます。また、四分位範囲は記号 IQR で表されます。

$$IQR = Q_3 - Q_1 \qquad (4.2)$$

また、**四分位偏差（quartile deviation）**は、四分位範囲を 2 で除し

たものであり、次式のとおり定式化されます。また、四分位偏差は記号 QD で表されます。

$$QD = \frac{Q_3 - Q_1}{2} \qquad (4.3)$$

例 4.2 例 3.1 の新生児 40 人の体重 x ではデータ数が 40 です。したがって、最初の境界線は $x_{(10)}$ と $x_{(11)}$ の間に、次の境界線は $x_{(20)}$ と $x_{(21)}$ の間に、最後の境界線は $x_{(30)}$ と $x_{(31)}$ の間に引かれます。したがって、四分位数は次のとおりです。ただし、第 2 四分位数は中央値に等しいことから省略します。

$$Q_1 = \frac{x_{(10)} + x_{(11)}}{2} = \frac{2939 + 2942}{2} = 2940.5$$

$$Q_3 = \frac{x_{(30)} + x_{(31)}}{2} = \frac{3042 + 3050}{2} = 3046$$

また、四分位範囲 IQR と四分位範囲 QD は次のとおりです。

$$IQR = Q_3 - Q_1 = 3046 - 2940.5 = 105.5$$

$$QD = \frac{Q_3 - Q_1}{2} = \frac{3046 - 2940.5}{2} = 52.75$$

最小値、最大値、第 1 四分位数、第 2 四分位数、第 3 四分位数を合わせて、5 数要約といいます。また、箱ひげ図はこれらの 5 つの尺度を表わすグラフです。箱ひげ図は、ひげの両端で最小値と最大値を、箱の両端で第 1 四分位数と第 3 四分位数を、箱を 2 分割するような直線で第 2 四分位数（中央値）を表わします。

図表－5 箱ひげ図

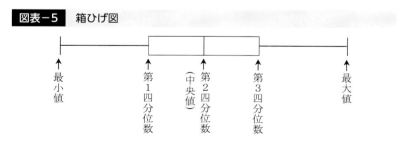

例 4.3 例 3.1 の新生児 40 人の体重 x では、最小値が 2896 最大値が 3086 であり、また第 1 四分位数が 2940.5、第 2 四分位数が 2990.5、第 3

四分位数が 3046 ですから、箱ひげ図は次のとおりです。

（3）平均絶対偏差

平均絶対偏差 (mean absolute deviation) は、平均値からの偏差の絶対値をとり、その合計をデータ数 n で割ったものであり、次のように定式されます。また、平均絶対偏差は文字記号 MD で表されます。

$$MD = \frac{1}{n}\sum_{i=1}^{n}|x_i - \bar{x}| = \frac{|x_1 - \bar{x}| + |x_2 - \bar{x}| + \cdots + |x_n - \bar{x}|}{n} \quad (4.4)$$

例 4.4 例 3.1 の体重データ x から平均絶対偏差を計算すれば、次のとおりです。

$$MD = \frac{1}{40}\sum_{i=1}^{40}|x_i - \bar{x}|$$

$$= \frac{|2977 - 2990| + |3060 - 2990| + \cdots + |2927 - 2990|}{40}$$

$$= 51.75$$

（4）分散・標準偏差

分散 (variance) は平均値からの偏差の平方平均（2乗の算術平均）です。したがって、分散は次式のとおり定式化されます。一般的に、分散は記号 s^2 で表されます。

$$s^2 = \frac{1}{n}\sum_{i=1}^{n}(x_i - \bar{x})^2 = \frac{1}{n}\{(x_1 - \bar{x})^2 + (x_2 - \bar{x})^2 + \cdots + (x_3 - \bar{x})^2\} \quad (4.5)$$

標準偏差 (standard deviation) は分散の正の平方根です。したがって、標準偏差は次式のとおり定式化されます。一般的に、標準偏差は記号 s で表されます。

$$s = \sqrt{s^2} = \sqrt{\frac{1}{n}\sum_{i=1}^{n}(x_i - \bar{x})^2} \quad (4.6)$$

標準偏差は分散をもとのデータと同じ次元の量に戻すために平方に開いたものです。

例 4.5 例 3.1 の体重データ x から分散および標準偏差を計算すれば、次のとおりです。

$$s^2 = \frac{1}{40} \sum_{i=1}^{40} (x_i - \bar{x})^2$$

$$= \frac{1}{40} \{(2977 - 2990)^2 + (3060 - 2990)^2 + \cdots + (2942 - 2990)^2\}$$

$$= 3370.05$$

$$s = \sqrt{3370.05}$$

$$= 58.05$$

5.
相関

（1）散布図

2 つの変数 x, y がどちらも量的変数であるとき、n 対のデータ $(x_1, y_1), (x_2, y_2), \cdots, (x_n, y_n)$ を座標平面上における n 個の点としてプロットした図を散布図といいます。散布図をみれば、変数 x, y の関係を視覚的に確認することができます。

例 5.1 例 3.1 の新生児の体重データ x に身長のデータ y を追加すると、下記の表のとおりでした。

i	x	y	i	x	y
1	2977	49.655	21	3011	50.165
2	3060	50.9	22	3050	50.75
3	2920	48.8	23	3005	50.075
4	2913	48.695	24	2898	48.47
5	2982	49.73	25	2939	49.085

6	3017	50.255	26	2919	48.785
7	2921	48.815	27	2966	49.49
8	2906	48.59	28	2945	49.175
9	3074	51.11	29	2961	49.415
10	2951	49.265	30	2942	49.13
11	3072	51.08	31	3000	50
12	3068	51.02	32	2956	49.34
13	2935	49.025	33	3041	50.615
14	3073	51.095	34	3058	50.87
15	3000	50	35	2999	49.985
16	3034	50.51	36	2944	49.16
17	3056	50.84	37	2967	49.505
18	3062	50.93	38	3086	51.29
19	2896	48.44	39	3042	50.63
20	3027	50.405	40	2927	48.905

このとき、横軸と縦軸にそれぞれ変数 y と変数 x を表現した散布図は、次のとおりです。

図表-6 散布図

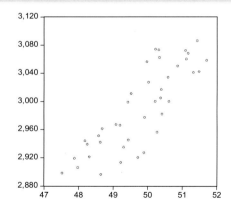

（2）共分散

x の偏差 $(x-\bar{x})$ と y の偏差 $(y-\bar{y})$ の積の平均を x と y の共分散 (covariance) と呼びます。また、共分散は記号 s_{xy} で表されます。

$$s_{xy} = \frac{1}{n}\sum_{i=1}^{n}(x_i - \bar{x})(y_i - \bar{y}) \qquad (5.1)$$

例5.2 例3.6の新生児40人の体重xと身長yのデータから共分散を計算すれば、次のとおりです。

$$s_{xy} = \frac{1}{n}\sum_{i=1}^{n}(x_i - 2990)(y_i - 49.85)$$

$$= \frac{\{(2977-2990)(49.665-49.85) + (3060-2990)(50.9-49.85) + \cdots + (2927-2990)(48.905-49.85)\}}{40}$$

$$= 50.551$$

（3）相関係数

xとyの共分散をxとyの標準偏差の積で割ったものを相関係数と呼びます。また、相関係数は記号rで表わされます。

$$r = \frac{s_{xy}}{s_x \times s_y} = \frac{s_{xy}}{\sqrt{s_x{}^2} \times \sqrt{s_y{}^2}} = \frac{\frac{1}{n}\sum(x-\bar{x})(y-\bar{y})}{\sqrt{\frac{1}{n}\sum(x-\bar{x})^2} \times \sqrt{\frac{1}{n}\sum(y-\bar{y})^2}} \qquad (5.2)$$

相関係数は、yとxの変化が同じ方向のものであるかを示すものであり、同じ方向のものであれば正の相関、逆方向のものであれば負の相関といいます。相関係数は-1から+1までの値をとります。

例5.3 例3.6の新生児40人の体重xと身長yのデータから相関係数を計算すれば、次のとおりです。

$$r = \frac{50.55}{58.05 \times 0.87}$$

$$\fallingdotseq 1.00$$

■参考文献 ─────────────────────────────

稲葉由之著『統計学Ⅰ　記述統計学』弘文堂、2012年

白砂堤津耶著『例題で学ぶ初歩からの統計学』日本評論社、2009年

日本統計学会編『日本統計学会公式認定　統計検定2級対応　統計学基礎』東

京図書、2012年

日本統計学会編『日本統計学会公式認定　統計検定3級対応　データの分析』
東京図書、2012年

日本統計学会編『日本統計学会公式認定　統計検定4級対応　資料の活用』東
京図書、2012年

蓑谷千凰彦『統計学入門』東京図書株式会社、1994年

宮川公男著『基本統計学 [第3版]』有斐閣、1999年

村上・安田共著『統計学演習』培風館、1989年

あとがき

　われわれの国際ビジネス学科は、「外国語大学でなければできない国際ビジネス教育」を追い求めてきました。われわれの国際ビジネス学科では、英語を基礎にし、企業がグローバルな経済活動を展開する中で必要とする知識や能力、そこで活躍できる国際的なビジネスセンスを身に付けた人材の養成を使命としています。

　私は、このことを学生諸君に少し分かりやすく伝えようと《英語プラスビジネスの専門性》というフレーズにして、いろいろな機会を捉えて語りかけてきています。この場合、「英語」とはビジネスの現場で仕事のツールとして使う英語能力のことであり、また「ビジネスの専門性」とは実社会の出来事、仕事の中のテーマをビジネスの視座からビジネスマインドをもって認識・評価できるベーシックな経営学の知識・スキルがその内容です。

　今日、政治に国境はあっても、仕事に国境はありません。国際的なビジネスセンスがますます要請されるでしょう。したがって、もちろん《英語プラスビジネスの専門性》といっても、それは名古屋外国語大学が目指すグローバリズムのもとでの多文化共生＝《世界教養》の傘下に位置づけられていることは言うまでもありません。

　このような教育空間は、われわれの周囲に経営学部、経済学部、マネジメント学部が数多くある中でも、まったく先駆性をもつものであり、また名古屋外国語大学の9学科の中でも独自性をもつものではないでしょうか。われわれが自負しているところです。

　われわれは《ビジネスの専門性》をマネジネント、マーケティング、ファイナンス、アカウンティングの4本の柱で捉えてきています。本書『ビジネス入門』では、この4領域をさらに全14の小テーマに細分化して解説しています。われわれ国際ビジネス学科の教員が全員参加で、それぞれがそれぞれのテーマに全力を出し切っていると言え

るでしょう。本書で何よりも素晴らしいのは、日常的に教室で、ゼミで付き合ってきている学生諸君の顔を頭の中に描きつつ、顔の見える距離感で丁寧に、語り掛けるように叙述がなされていることであると考えています。このような類書はまだないのではないでしょうか。

　本書は、2年前の学科会議での佐原秋生教授の提案が形となったものです。佐原先生が「専門ゼミに進む前の2年生の基礎ゼミでは共通テキストを使用すべきだ。しかも自前のテキストにすべきだ」、と諄諄と発言された日のことを私ははっきりと覚えています。ここに、本書全体の構成に傾注された佐原先生のご努力に深謝いたします。また共著者達の文章の統一性のため小林洋哉教授には全文に目を通していただいたことを付記しておきます。こうして、国際ビジネス学科教員全員の力でわれわれのゼミナールに新しい地平が切り開かれることを、私は何よりも嬉しく思います。

　また、本書の出版に際しては中西学園・名古屋外国語大学当局から手厚い出版援助をいただいていることを記しておきます。

　最後になりますが、われわれの出版企画を快くお受け入れいただいた三恵社に共著者全員の感謝の気持ちをお伝えし、厚くあつくお礼を申し上げます。

　　2015年春
　　　　　名古屋外国語大学・現代国際学部国際ビジネス学科長
　　　　　　　　　　　　　　　　　　　　　塩 見 治 人

ビジネス入門

2015 年 2 月 1 日　初版発行

■ 編　　　　　名古屋外国語大学・現代国際学部国際ビジネス学科
■ 定　　価　　本体価格 1,800 円＋税
■ 発 行 所　　株式会社　三恵社
　　　　　　　〒462-0056 愛知県名古屋市北区中丸町 2-24-1
　　　　　　　TEL 052-915-5211　FAX 052-915-5019
　　　　　　　URL http://www.sankeisha.com

本書を無断で複写・複製することを禁じます。　乱丁・落丁の場合はお取替えいたします。
Ⓒ2015 Nagoyagaidaikokusaibizinesugakka　ISBN 978-4-86487-313-0 C3034 ¥1800E